SHANXI SHIJI YANCAO SHANGYE QIYE
DA JIAN DU
TIXI JIANSHE SHIZHENG YANJIU

陕西市级烟草商业企业
大监督
体系建设实证研究

主　编◎刘海轮　姬亚平

副主编◎李　烨　任军岐

编　委◎陈维玉　贺　坚　王义鹏　叶李蓉
　　　　李　璇　郁忠君　张卫阳

参编人员◎杨子凡　井凯笛　岳智慧　徐　翔
　　　　睢花蕾　郑晓龙　吴　腾　李承霖
　　　　何彤彤

中国政法大学出版社

2023·北京

党的十八大以来，以习近平同志为核心的党中央以非凡的勇气和决心推进全面从严治党和依法治国，努力推进国家治理体系和治理能力现代化。全国上下致力于反腐败斗争，取得了巨大成效，一体推进不敢腐、不能腐、不想腐的体制机制不断深化。作为社会主义国家经济基石的国有企业，是我国国民经济发展、政治稳定、社会和谐的中流砥柱，同时我们要清醒地看到，国有企业更是廉洁风险防范的重要领域，微腐败和一些大案要案不时见诸报端，烟草企业也不例外。国务院、工信部、国资委和陕西省委省政府多次出台政策法规，坚决贯彻落实党中央和总书记健全国有企业权力监督体制的要求，国家烟草专卖局指出："以全面从严治党引领保障高效能治理，关键要在坚持系统施治、标本兼治理念，健全完善行业监督体系上下真功见实效"。为了实现这一目标，安康市烟草专卖局和西北政法大学纪检监察学院联合向陕西省烟草专卖局申报并成功获批《烟草商业企业"大监督"体系建设的实证研究》课题。课题组经过认真调研和理论研究后，完成本书。

　　本书分为四个部分。第一部分为绪论，介绍了研究背景、目的和意义。梳理了党中央、国务院和上级组织的政策法规和规范性文件，学习借鉴了其他行业国有企业的经验和制度，提炼了古今中外关于权力监督的思想智慧，分析了本课题研究中的重点难点、研究方法和预期效益，为后续研究奠定了理论基础。

　　第二部分为安康烟草商业企业监督的现状分析。首先，分类归纳了现有的关于监督的政策法规和规范性文件；其次，总结现有的监督体制，阐明了"五大监督"体系的机构设置和职责权限；再次，针对监督现状开展问卷调查，深入细致地剖析对于系统内部职工、卷烟零售户和烟叶种植户问卷调查的反馈意见；最后，总结党的十八大以来安康烟草商业企业在权力监督方面取得的成绩和存在的问题。

第三部分为廉洁风险点排查。本书采用了医疗体检式的方法，对烟草商业企业生产经营管理各领域、各环节廉洁风险点进行了全方位排查，不放过任何一个致病隐患。具体分为十个方面：党的建设、干部管理、议事决策、采购招标、烟叶生产、卷烟营销、专卖管理、财务管理、审计监督、后勤保障等。

第四部分为构建"大监督"体系的建议。本书采用对症下药的方法指出，目前的监督格局存在条款分割、信息不畅、协调与衔接不到位，以及不敢监督、不愿监督和不会监督等问题；提出建立党组领导下的监督领导小组和联席会议机制，打通信息壁垒，实现监督关口前移，监督资源共享，并针对前述的风险点逐一提出解决方案。

主　编

2022 年 10 月 13 日

目录

第一章

绪 论

我国烟草行业实行"统一领导、垂直管理、专卖专营"体制，对"人、财、物，产、供、销，内、外、贸"进行集中统一管理。针对相对封闭的管理体制，如何健全内控机制、强化内部监管、预防腐败发生，是摆在烟草商业企业面前的重大课题。为提高监督水平，有机整合各领域监督资源，形成监督合力，构建横向互动、纵向贯通、运转顺畅、富有成效的监督机制，我们成立专项课题组，实证研究烟草商业企业"大监督"体系的制度构建。

一、项目研究背景

2016年10月，习近平总书记在全国国有企业党的建设工作会议上强调："要突出监督重点，强化对关键岗位、重要人员特别是一把手的监督管理，……严格日常管理，整合监督力量，形成监督合力。"

2021年1月召开的十九届中央纪委五次全会上，习近平总书记指出："不断完善权力监督制度和执纪执法体系，各种监督协调贯通，形成常态长效的监督合力。"

2022年1月召开的十九届中央纪委六次全会上，习近平总书记强调："坚持以零容忍态度惩治腐败"，"要从严从实加强教育管理监督，引导年轻干部对党忠诚老实，坚定理想信念，牢记初心使命，正确对待权力，时刻自重自省，严守纪法规矩，扣好廉洁从政的'第一粒扣子'"。

2022年6月，习近平总书记在中共中央政治局第四十次集体学习时强调："要深化党和国家监督体制改革，以党内监督为主导，促进各类监督力量整合、工作融合，强化对权力监督的全覆盖、有效性，确保权力不被滥用。"总书记关于强化监督的系列讲话是本项目研究的基本遵循。

工业和信息化部召开的2022年全面从严治党工作会议提出：要强化政治

监督，紧盯"关键少数"，加强对"一把手"和领导班子的监督，坚定不移推进党风廉政建设和反腐败斗争。要坚持有腐必反、有贪必肃，毫不松懈抓好党风廉政建设和反腐败各项工作，加快完善不敢腐、不能腐、不想腐一体推进制度机制。

国家烟草专卖局紧紧围绕贯彻习近平总书记重要讲话，坚定贯彻党中央关于全面从严治党、推进党风廉政建设和反腐败斗争的战略部署，要求聚集整合监督力量，强化行业监督效能，形成监督合力。2021年全国烟草工作电视电话会议指出："以全面从严治党引领保障高效能治理，关键要在坚持系统施治、标本兼治理念，健全完善行业监督体系上下真功见实效""以推动高质量发展为主题，坚定不移全面从严治党，健全完善行业监督体系，一体推进不敢腐、不能腐、不想腐。"2022年初召开的全国烟草行业落实全面从严治党主体责任工作会议强调："持续巩固深化'两项整改'和成果运用，把全面从严治党各项工作抓实抓牢、抓出成效；持续将'一把手'和领导班子监督推向深入，层层落实监督责任；切实抓好重点领域治理，推动监督体系与治理体系的对接联动。"

陕西省烟草专卖局围绕新时代党中央和国家局关于强化监督工作的要求，坚持"严"的主基调不动摇，把管党治党与企业治理融合贯通，把纪检监察监督与业务领域监督融合贯通，有机整合各领域监督力量，着力构建烟草商业企业"大监督"体系，促进监督体系更加健全，监督机制更加完善，监督责任更加压实，监督效能更加凸显，为推动高质量发展、推进高效能治理、造就高素质队伍、建设一流现代烟草商业企业提供坚强保障。

与此同时，近年来烟草行业查处了一系列的腐败案件，比如，国家烟草专卖局原副局长赵洪顺，中国烟草实业发展中心原党组成员、副总经理王殿贵，山西省烟草专卖局（公司）原党组书记、局长、总经理李泽华，云南省烟草专卖局原党组书记、局长余云东，辽宁省烟草专卖局原党组书记、局长王志富，甘肃省烟草专卖局（公司）党组成员、副总经理何绍青，广西壮族自治区烟草专卖局原副局长谈天江，福建省烟草专卖局原纪检组长孙佳和，郑州烟草研究院一级巡视员杨自业等，反映出烟草行业反腐败斗争形势依然严峻复杂，必须保持反腐败政治定力，继续健全监督体系，持续深化监督效能。

二、项目研究目标与意义

本项目的研究与实施，对陕西烟草商业企业完善监督体系，提升监督合力，助推高效能治理具有较大的理论价值及实践意义。

立足新时代陕西烟草商业企业运行及内部监督实际，构建"大监督"体系，与习近平总书记依规治党、依法治国方略高度契合。"大监督"理论的提出为烟草商业企业全面加强党内监督，贯通其他监督，防范廉洁风险提供了更为深刻、有效的思路。探索与思考构建烟草商业企业"大监督"工作体系，对于塑造风清气正的政治生态环境，促进烟草商业企业高质量发展具有重大的现实意义。

第一，构建"大监督"体系有利于烟草商业企业有效开展党风廉政建设和反腐败斗争。习近平总书记强调："我们要保持清醒头脑，永远吹冲锋号，牢记反腐败永远在路上。"因此，对于烟草商业企业这个国家重点行业、重点领域、重点系统加强监督与管理具有极端的重要性。"大监督"体系构建要结合烟草行业的特性及运行规律，从过往出现的违纪违规违法典型案例中把脉问诊、对症下药，以建立内部监督的"大监督"体系为抓手，以净化烟草商业企业的运行过程为切口，以确保行业整体风清气正、健康发展为目标。

第二，构建"大监督"体系有利于烟草企业提升经济效益，保值增值。通过构建"大监督"体系，促进企业生产经营规范化、透明化，实现经济效益和政治效益、社会效益共同推进。"大监督"体系的建立还能够有效规避各类风险，有利于企业的高质量发展。

第三，构建"大监督"体系有利于提升企业治理体系和治理能力现代化。通过构建"大监督"体系，能够建立权责统一、职能科学、运行流畅的管理体系，加强企业职工特别是"一把手"和领导班子的责任心和履职能力，提高工作效率，增加企业效益。"大监督"体系的建立还能够提升各监督主体的大局观念，树立一盘棋思想，加强联动性，提高监督的整体效能。

第四，构建"大监督"体系有利于实现监督关口前移，有效防范廉洁风险。通过构建"大监督"体系，各职能部门定期交流分析有关信息动态，将监督执纪问责融入企业生产、经营、管理、改革、发展、安全、稳定的全过程，可以及早发现苗头性问题，提前采取措施加以防范，实现事前监督，对在商业企业发展过程中出现的不规范、不合理、不合法行为及时纠偏整改，为企业改革发展指明正确的方向。

第五，构建"大监督"体系有利于提升行业依法行政水平。依法行政是切实维护广大人民群众切身利益、落实依法治国基本方略的必然要求。烟草专卖局拥有一定的行政执法权，从整体上看，行业依法行政情况是比较好的，但一定程度上存在执法随意、标准不一、查处不力、程序不规范、态度粗暴、选择执法、人情干扰、利益交换等执法乱作为问题。"大监督"体系的构建与实施，能够有力推进专卖行政执法工作规范化，树立良好的烟草专卖执法形象。

综上所述，项目的研究与实施可对烟草商业系统整合监督资源，构建完善的监督体系和运行机制提供清晰的思路和规范的操作流程，推动依法治企、合规管理迈上新台阶，助力一体推进"三不腐"取得更多制度性成果和更大治理成效。

三、政策法规与研究现状综述

（一）法律法规与政策梳理

党内法规和党的规范性文件是坚持依规治党、全面加强党内监督的根本依据。《中国共产党章程》明确："强化全面从严治党主体责任和监督责任，加强对党的领导机关和党员领导干部特别是主要领导干部的监督，不断完善党内监督体系。深入推进党风廉政建设和反腐败斗争，以零容忍态度惩治腐败，一体推进不敢腐、不能腐、不想腐。"《中国共产党党内监督条例》要求："党内监督没有禁区、没有例外。信任不能代替监督。各级党组织应当把信任激励同严格监督结合起来，促使党的领导干部做到有权必有责、有责要担当、用权受监督、失责必追究。"《中共中央关于加强对"一把手"和领导班子监督的意见》指出："必须清醒看到，对'一把手'监督仍是薄弱环节，完善党内监督体系、落实监督责任的任务依然十分紧迫。领导干部责任越重大、岗位越重要，越要加强监督。破解对'一把手'监督和同级监督难题，必须明确监督重点，压实监督责任，细化监督措施，健全制度机制。"

2018年3月审议通过的《中华人民共和国监察法》，自上而下普遍设立国家监察机构，与党的纪律检查机关合署办公。建立广覆盖、无死角的监督体系，将国家监察赋予独立地位，充分表明党中央深化国家监察体制改革的坚定决心，是新时代顶层设计的重大实践课题。将"国有企业管理人员"纳入监察机关的监督范围，对依法履职、秉公用权、廉洁从政从业以及道德操守情况进行监督检查，开启了国企纪检监察工作新纪元。纪检与监察合署办公，整合反腐败资源力量，形成企业内部监督的高效合力，有利于巩固与发展国家监察体制改革成果，全面推进依规依纪依法治企。

2021年9月公布施行的《中华人民共和国监察法实施条例》，在监察法相关规定的基础上，进一步廓清了监察对象外延，进一步明确了监察机关调查范围，进一步明晰监察职责边界和措施使用规范，为国有企业纪检监察机构依法对行使公权力的公职人员进行监察提供了更为明确、清晰、细化的法律依据。

中共中央、国务院印发的《关于深化国有企业改革的指导意见》指出："整合出资人监管、外派监事会监督和审计、纪检监察、巡视等监督力量，建立监督工作会商机制，加强统筹。创新方式，共享资源，减少重复检查，提高监督效能。"2016年国资委印发的《关于进一步加强中央企业内部审计工作的通知》提出："通过建立部门联席会议等方式，加强各类监督部门间的沟通交流，充分利用已有的检查结果等信息，确保各类监督部门在发挥各自职能的基础上形成协同互动局面，切实形成监督合力。"2019年10月国资委印发的《关于加强中央企业内部控制体系建设与监督工作的实施意见》明确："建立健全内控体系，进一步提升管控效能；强化内控体系执行，提高重大风险防控能力；加强信息化管控，强化内控体系刚性约束；加大企业监督评价力度，促进内控体系持续优化。"同年11月，国资委印发《关于进一步推动构建国资监管大格局有关工作的通知》要求："推动实现机构职能上下贯通、法规制度协同一致、行权履职规范统一、改革发展统筹有序、党的领导坚强有力、系统合力明显增强，加快形成国资监管一盘棋。"这些都为"大监督"体系的构建提供了政策制度依据和行动指引。

国有企业构建实施"大监督"体系，强化企业内部监督，就是要着眼党内监督与企业管理监督的深度融合，发挥党的监督工作优势，是加强党的领导和完善公司治理相互统一的"大监督"机制，贯彻落实全面从严治党的根本要求和有力抓手。

（二）国有企业的经验与做法

国有企业全面深化改革以来，内部监督体系建设取得了显著成效。中国海油经过多年的管理创新探索，通过积极整合内部监督资源，在总公司审计监察部设立监事工作办公室和风险管理办公室，已初步构建形成纪检、监察、审计、监事会、风险管理"五位一体"的"大监督"格局，建立了监督信息共享和协调处理机制，避免了各监督部门单独履行职能存在的监管盲区。中国兵器工业集团公司遵循现代企业管理规律，把内蒙古一机集团公司作为构建"大监督"工作试点单位。通过不断整合内部监督检查资源，逐渐形成了体制合一、信息合一、目标合一、责任合一的"四合一"式的"大监督"工作运行体系。公司设置监督管理委员会负责"大监督"工作，管理委员会下设监督办公室，承担"大监督"工作的日常事务。按照上述组织架构，公司相应建立了"大监督"信息沟通机制、监督运行机制及责任奖惩机制，保证监督体系有效运行。

鞍山钢铁集团公司通过由集团公司纪委统一指挥协调纪检监察、审计、子公司监事会3个专职监督主体来整合监督资源。在加强各自职能和作用的同时注重发挥"三位一体"监督体系的整体作用，监督的触角随着管理同步延伸。"三位一体"模式在工作机制上促进了部门间的协调配合，在工作内容上以监督为抓手，及时发现问题，有效纠正预防，实现教育、规范、监督互融互动。

建立内在统一的"大监督"体系是我国国有企业内部监督体系的创新改革，通过对"人"的思想作风、对"权"的职责行使、对"物"的经济事项，联通内外贸，盯紧产供销，开展全方位诊断，构造集政治性、纪律性、专业性于一体的"大监督"格局，发挥了独特的管理制度优势。

国企内部监管改革是一个不断完善的过程，需要在实践中积极探索、不断深化。通过对具体问题、具体案例一查多果的深层次拓展，不断创新深化国企内部监督改革，构建防范重大风险的高效"防火墙"，合心合力合编实现"1+1+1>3"，促进"大监督"体系的进一步完善。

（三）现有学术研究成果

目前，聚焦烟草商业企业"大监督"的研究成果鲜见，部分研究主要集中在国有企业"大监督"。在"中国知网"以"国有企业'大监督'"、"国企'大监督'"为关键字共检索 50 余篇论文,主要集中在 2017 年之后。分析现有研究成果,从内容上看主要研究的问题包括:

1. 构建"大监督"体系的重要意义。比如,《国企建立和完善"大监督"工作格局的思考》提出,完善"大监督"格局,有利于夯实国有企业全面从严治党责任、有利于实现监督工作高质量发展、有利于全面推进依法依规治企。《构建国企"大监督"体系》一文从完善党和国家监督治理体系的需要、打造国企良好政治生态的需要、参与全球经济竞争的需要三个方面分析重要意义。

2. 国有企业监督工作薄弱环节。《构建国有企业"大监督"体系的几点思考》认为,当前国有企业监督体制机制缺乏顶层设计,监督部门各自为政,监督信息来源单一。《新时代构建国企"大监督"体系初探》提出一些亟待解决的监督问题,包括思想认识有偏差、顶层设计待优化、职责权限需细分、运行机制不配套、问责追责欠精准、基层监督力度小等。

3. 完善"大监督"体系的对策。《国有企业"大监督"体系构建的几点认识》一文,从建立完善"大监督"组织体制,建立"大监督"信息共享机制,建立"大监督"成效考核机制,强化"大监督"人才队伍建设等几个方面提出对策建议。《新时代国企"大监督"格局的构建与完善策略探讨》提出:明确国有企业"大监督"格局中的监督职责,整合国企"大监督"格局中的监督力量,强调国企"大监督"格局中的监督细节,共享国企"大监督"格局中的监督成果。《构建"大监督"格局推动国企高质量发展》一文建议:深刻理解"四种形态",打牢监督思想根基;不断健全工作体系,强化监督组织保证;精准把握重点任务,明确监督着力方向;持续加强日常管理,掌握监督主要方式。

现有理论研究成果大部分为探索国有企业如何构建"大监督"体系,部分成果结合已经建立起的"大监督"体系实践,总结出较为有效的监督路径。分析这些理论研究成果,可以看到近年来构建"大监督"体系引起了国有企业的普遍重视,部分研究成果提出的实践路径和对策建议,对于本项目研究中把握重点难点问题、拓宽视野思路,具有一定的借鉴意义。但现有研究也有一定的局限性。比如,目前研究成果普遍缺少实证研究分析,特别是针对国有企业当前监督现状及存在的问题,采取调查问卷、个别走访、实地考察等多种方式获取详实可靠的资料，并进行专业的数据统计分析还不够。此外，着眼"大监督"体系落地落实，建立健全领导体制和工作机制的针对性和可操作性还不够。这些问题也是本项目研究面临的挑战。

四、关于权力监督的理论基础

（一）我国古代监督智慧及其借鉴

中国古代监督理论和实践植根于中华大地，充分体现了中华民族的智慧和创造力，为我们提供了丰富的镜鉴。

重视依法治吏是古代中国监督思想的集中体现和基本经验。"明主治吏不治民"，历代有为的统治者都注重惩贪饬吏、整顿朝纲。我国早在商代就制定了"治官之刑"，对贪赃枉法管理严加惩处。春秋时期，魏国李悝提出了"居视其所亲，富视其所与，达视其所举，穷视其所不为，贫视其所不取"的"五察法"，用以监督考察官吏日常行为。中国进入封建社会后，统治阶级更为重视对官吏的监督。比如，汉代董仲舒、班固、仲长统、王符等认为，官吏是治国之要，察吏是治国之本。王符提出，"是故民之所以不乱者，上有吏；吏之所以无奸者，官有法；法之所以顺行者，国有君也"。强调了官吏对于国家施政的重要性以及以法治吏的价值。明朝首辅张居正认为，"致理之道，惟在于安民生；安民之要，惟在于核吏治"。古人监督智慧之于我们构建"大监督"体系的启示在于，在监督对象上，要突出领导干部这个"关键少数"，特别是加强对"一把手"和班子成员的监督。同时，通过盯住"关键少数"管住绝大多数，把各级干部和全体员工纳入监督视野。

我国古代监督即具有大而全的特点，体现了"大监督"的思想。中国古代监察范围十分广泛，涉及行政、司法、财经、军事、人事、文教等诸多领域。监察官依法行使建言政事、纠弹官吏、监督司法、巡查政务、审计财务、考核人事等多方面的权力。比如，汉武帝时期制定的《六条问事》，赋予地方监察官即刺史六项权力："一条，强宗豪右田宅逾制，以强凌弱，以众暴寡。二条，二千石不奉诏书遵承典制，倍公向私，旁诏守利，侵渔百姓，聚敛为奸。三条，二千石不恤疑狱，风厉杀人，怒则任刑，喜则任赏，烦扰苛暴，剥戮黎元，为百姓所疾，山崩石裂，妖祥讹言。四条，二千石选署不平，苟阿所爱，蔽贤宠顽。五条，二千石子弟恃怙荣势，请托所监。六条，二千石违公下比，阿附豪强，通行货赂，割损政令"。这种"大"的监督体系思想昭示我们，为加快形成"大监督"格局，要坚持把政治监督作为监督之首，发挥纪检监察监督主责，有机整合审计、人事、法规、内管等专业监督职能，有效发挥"两烟"生产经营及行政事务各领域管理职能，推动全面监督与重点监督相统一、日常监督与专项监督相结合，增强监督的针对性和有效性，提升监督治理效能。

我国历朝历代均十分重视监督法律法规的构建和完善。从汉代的《监御史九条》《六条问事》，到明清的《宪纲》《钦定台规》，都把监督权的运行纳入制度化、规范化的轨道，确保稳定发挥效能。制度更带有根本性、全局性、稳定性和长期性的特征。在建立健全"大监督"的领导体制、运行机制等方面，制定科学完备的制度规范，为确保"大监督"体系制度化、规范化实施运行提供坚强法治保障，有效避免因人而异或者短期效应。

（二）西方基于"人性恶""权力恶"的监督理论

"人性恶"的思想在西方国家源远流长，其核心观点认为人本身有趋利避害、贪图利益的本性。古希腊哲学家柏拉图断言："人性总是把人类拉向贪婪和自私，逃避痛苦而毫无理性地去追求快乐。"亚里士多德也认为人是会受到欲望和权力的诱惑，"不敢对人类的本性提出过奢的要求"。古罗马哲学家、神学家奥古斯丁在其著作《忏悔录》中写道："人们的罪真可恨！……在你面前没有一个人是纯洁无罪的，即使是出生一天的婴孩亦然如此。"西方近代政治学说的奠基人之一马基雅维利尖锐地说道："关于人类，一般地可以这样说，他们是忘恩负义、容易变心的，是伪装者、冒牌货，是逃避危难、追逐利益的。"

"权力恶"的思想在西方也普遍被接受。权力具有恶的自然本性，不受任何约束的权力必然会导致权力的滥用，进而产生腐败。孟德斯鸠说："一切有权力的人都很容易滥用权力，这是万古不易的一条经验。"罗素在《权力论》中提出："在人类无限的欲望中，居首位的是权力欲和荣誉欲，这种欲望是永无休止的，只有在上帝的无限境界里才能得到安息。"马克斯·韦伯甚至说："权力即使在面临反对的情况下也有实现自己愿望的能力，也能够被滥用和借此贪赃。"

基于"人性恶"和"权力恶"的理论，西方提出政治领域必须建立权力约束机制，对权力的行使进行必要的监督，这是人的本性和权力本性的共同需要。尽管西方"人性恶""权力恶"思想有其阶级局限性，但从人性和权力本源出发探讨监督制约权力的范式是有其积极意义的。"大监督"体系的构建需要准确把握信任与监督的辩证统一关系。信任是秉公用权的基本前提，监督是权力规范行使的重要保证。建立在信任之上的监督是更好的关心和爱护，而建立在监督之上的信任也才会是更为可靠的信任。"大监督"体系构建秉持"信任不能代替监督"理念，努力营造廉洁文化氛围，从思想上固本培元、拒腐防变，从制度机制上监督约束权力运行。

（三）监督学原理的应用

监督学是以对国家公权力的监督为研究对象的一门新兴的社会科学学科。监督学中所指的监督，不同于人们社会生活中一般意义的监督，而是把它作为一种政治生活现象，专指对公权力拥有者在行使权力的过程中所实施的监控、督促和检查活动。监督学基本理论，特别是监督功能的原理，为"大监督"体系构建提供了理论工具。

1. 预防功能。监督的预防功能是指通过事前监察督促，提前发现和排除社会管理运行过程中可能出现的问题和潜在的弊端，从而起到防患于未然的作用。根据监督过程，可以将监督分为事前监督、事中监督和事后监督。其中，事前监督最能体现监督的预防功能。在特定的公共管理行为付诸实施之前，对其规划、决策、方案设计等进行预防性监督，不仅可以及时发现潜在的制度缺陷和行为隐患，及时采取纠正措施，而且可以防范违纪违法行为的扩大化、复杂化。烟草商业企业"大监督"体系构建的重要目标就是预警防范，围绕规范权力运行，立足行业实际，建立和完善权责清晰、流程规范、风险明确、预警及时的廉洁风险防控机制，确保行业系统权力行使安全、项目建设安全、资金运用安全、干部成长安全。

2. 制约功能。监督的制约功能是指为了保证社会管理运行平衡协调，而对管理活动及管理者进行的核查、牵制和调节。这一功能指向的客体主要是公共权力。公共权力缺乏权力主体的制约，就会成为脱离社会的力量，成为部分人谋私的工具，使公共权力私有化。监督活动正是将公共权力的运行规范化、法治化，防止公共权力被滥用，它是防范利用公共权力达到私人目的的约束性手段。烟草商业企业建立健全"大监督"体系，形成科学合理、相互制衡的内控机制和监督模式，可以有效防止权力失控和行为失范。

3. 校正功能。按照现代行为科学的基本理论，人类行为偏差的存在有其自身的必然性。因为行为准则的制定者和执行者相分离的状态是主体行为必然发生偏差的特定条件。公共权力的执行主体对行为准则的认知、接受和执行能力的差异，以及执行主体在执行过程中追求自身目的的不可避免性，则是造成公共管理行为偏差的实现条件。也就是说，由于各种主观、客观原因的存在，公共权力的执行主体认识和执行法定行为准则的能力总是有限的。于是，在实际运行中，公共权力的执行主体就有可能扩大解释，超范围执行法定行为准则，或者限缩解释，部分接受行为准则，或者根本不予接受，甚至与其背道而驰。集体性或大范围的行为偏差会给社会秩序带来无法估量的损害，必须通过一定机制及时防止和迅速消除系统或个人的偏离行为，使社会管理系统始终保持与现实需要相适应的良好状态。鉴于个人主观原因或客观因素干扰，烟草行业干部职工在执法监管、服务保障、履职尽责中，难免出现对法律法规政策制度理解和执行的偏差。"大监督"体系的功能之一就是亡羊补牢，对监督过程中发现的轻微问题及时进行校正和纠治，避免造成重大损失。

4. 反馈功能。反馈是指一个系统的输出信息反作用于输入信息，并对信息再输出产生影响而起到控制和调节的作用。监督的反馈功能，主要是指通过监督，对所监督事项的活动过程及其结果的真实性、准确性和可靠性作出评价，并对影响该结果的相关因素进行科学的分析，为被监督单位提供改进工作的科学依据。通过"大监督"过程中发现的普遍性、倾向性问题，及时发挥监督反馈功能，在行业内警示通报，引以为戒。通过监督反馈信息，及时了解制约监督调控作用发挥的不利因素，适当调整监督主体与监督客体的关系，提高监督行为的质量和效率。

五、研究重点难点

项目研究针对烟草商业企业特点，以政治监督为统领，紧盯"两烟一专"重点领域和关键环节，紧盯"关键少数"和重要岗位，梳理权力清单，排查廉洁风险，建立健全防控措施。项目研究的重点难点具体包括：

第一，全面深入排查廉洁风险点。项目针对党的建设、议事决策、工程物资、资金监管、烟叶收购、卷烟营销、行政执法、选人用人等重点领域，分别查找梳理廉洁风险点，形成负面清单。鉴于涉及领域点多面广，专业问题深入复杂，精准发现廉政风险点是项目设计阶段面临的重大挑战，必须千方百计攻坚攻克。

第二，切实加强对"一把手"和班子成员监督是关键。以有效监督把"关键少数"管住用好，是新时代坚持和加强党的全面领导，提高党的建设质量，推动全面从严治党向纵深发展的必然要求。根据《中共中央关于加强对"一把手"和领导班子监督的意见》，陕西省烟草专卖局（公司）党组出台《关于落实对"一把手"和领导班子监督的工作措施》，安康市烟草专卖局（公司）党组研究制定了《关于落实对"一把手"和领导班子监督的具体措施》。下一步，如何进一步让铁规发力、制度生威，需要"大监督"体系有效回应。

第三，确保"大监督"体系落地见效是项目研究的重中之重。项目研究坚持问题导向，在全面查找和评估风险的基础上，以腐败问题和廉洁风险易发多发的主要部位为重点，突出重要权力和权力行使的关键环节，提出"大监督"体系的构建路径及实施策略，解决行业内部监管失位、缺位、越位问题，提高预警防控措施的针对性和可操作性，做到重点明确、简便易行，提升监督质效，促进高质量发展。

六、项目研究方法

（一）文献研究法

文献研究是将现有的信息资料进行收集、整理，在此基础上，借助一定的研究方法，对其内容、框架、思路进行分析、总结，目的在于获取相关信息，进而应用于相关课题的研究。文献研究过程，其实就是获取有用信息并进行加工的过程。一般而言，社会科学研究中的文献研究主要是利用二手资料进行分析，具有非常明显的间接性、无干扰性和无反应性。在众多社会科学研究中，文献研究得到了广泛而深入的使用，特别是当今信息容量急剧膨胀，要从浩如烟海的信息中提取有价值的信息，文献研究是必不可少的方法之一。党中央及国家局、省局（公司）关于监督的重点法规制度、重要文件等，是项目研究及后期实施的根本遵循和科学指南。古今中外监督思想以及监督学原理等专著文献，为实证研究提供理论支撑。收集整理其他行业先进有效的"大监督"经验做法，为项目开展提供有益借鉴。

（二）系统分析法

系统分析的方法来源于系统科学。系统科学是 20 世纪 40 年代以后迅速发展起来的一个横跨各个学科的科学部门，其主要特征是从整体与部分、内部要素与外部环境的相关联系和相互作用中全面考察对象，求得整体的最佳功能。系统分析法最早由美国兰德公司在第二次世界大战结束后提出，并运用于咨询研究中，在实践中取得了一系列丰硕成果。后来，这一方法被自然科学和社会科学领域研究广泛应用。

运用系统分析法的前提是研究对象符合"系统"的特征。何为"系统"？它有哪些特征？不同的学者给出了不同的定义，目前尚无一致的见解。但是，在系统具备的基本特征上，大家普遍认为，如果一些个体的组合满足两点要求就形成一个系统：一是一个个体的变化引起其他个体的变化；二是一个个体的变化会引发一些不可预见的变化。用这两条标准考察分析，显然"大监督"体系构建符合系统构成要件，对其研究能够采用系统分析的方法。"大监督"体系与外部环境的关系、"大监督"体系内部各个组成部分的关系等，都是项目关注的重要问题。

（三）调查研究法

田野调查是软科学研究特别是实证研究项目重要的研究方法。为此，课题组集中人员力量组织专题调研，通过与省市县烟草专卖局机关、基层烟站、烟农、烟草零售商座谈走访、个别交流，了解烟草行业概况，重点查找廉洁风险点，获得实证分析第一手资料。特别是课题组中专业统计分析成员，针对烟草商业企业干部职工、烟农、零售商等不同群体科学设计调查问卷，根据统计学原理分析相关数据，确保调查样本的广泛性，数据的真实性，分析的精准性，为对症下药提供详实可靠的依据。同时，联系省内外大型国有企业学习考察，借鉴开展系统全面监督的经验做法。

（四）案例分析法

案例分析法主要是指在讲授法学理论和阐释法律条文时，有机结合社会生活中的典型个案进行分析、综合和评价，从具体案例中找出抽象的规律，得出相对的概念、范畴和内在联系等理论的研究式方法。案例分析的实质，主要有两个方面的内容：其一，通过对典型个案进行分析，由个别到一般、具体到抽象地得出具有普遍意义的理论，这一分析过程大部分采用的是归纳推理法。其二，以大量的经验事实来论证理论正确与否。此时往往侧重于从经验事实的角度来证明某一结论，经验主义哲学尤其是实证主义哲学是其哲学基础。结合信访投诉举报和行业内近年来违纪违法案件，梳理归纳易发多发廉洁风险的岗位、领域、环节，是项目研究过程中重要的研究方法。

七、项目预期效益

（一）政治效益

聚焦解决管党治党与监督业务结合不够紧密的问题，将监督工作由单一职能部门的工作任务转变为各个部门的共同职责，营造出"人人都能监督、事事皆可监督"的良好氛围，进一步推进监督工作走实走深，提高一体推进"三不腐"的能力和水平，有力推动行业全面从严治党、党风廉政建设和反腐败斗争向纵深发展。

（二）经济效益

加强对"三重一大"决策制度和领导班子决策会议情况的监督，确保依法科学民主决策，避免因决策失误导致的重大经济损失。聚焦"两烟一专"核心业务加强全过程监督，有效促进烟农增产增收，营销稳步增长，助推全省烟草商业企业发展与陕西经济社会发展同频共振。

（三）社会效益

"大监督"体系下的烟草营销以适度满足市场、满足消费者为前提，进一步促进资源优化配置，强化社会关心的卷烟经营分配公开透明，提高社会满意度。践行"国家利益至上，消费者利益至上"的行业价值理念，加强行业专卖监管，确保公正公平规范执法，营造良好的市场经营秩序，进一步提升客户和消费者对烟草行业的满意度。

（四）法治效益

建立"大监督"体系及配套制度规范，能够有效增强广大干部职工廉洁自律素质和自我防范能力，确保依规、依纪、依法履行职责。通过"大监督"体系的落地实施，进一步把权力关进制度的笼子里，促进行业规范化、法治化、正规化运行，提高依法治理效能，加快高质量发展步伐。

（五）理论效益

"一个民族要想站在科学的最高峰，就一刻也不能没有理论思维。""大监督"的实践须臾离不开科学理论的指导。"大监督"体系构建的理论研究，为有效防范廉洁风险、提升行业管理效能提供规范化的科学指南，确保各级、各类、各项监督有章可循。

第二章

安康烟草商业企业监督现状分析

一、安康烟草商业企业监督体系制度现状

制度建设是安康烟草商业企业监督体系发展健全的重要方面，监督工作的制度建设是推进监督体系建设的重要环节之一，制度的落实是促进监督工作发挥实效的基础，也是检验监督工作的标准之一。安康烟草商业企业监督工作的开展以制度建设为依托，构建监督体系，监督部门根据中共中央和国家局的政策文件精神，定期开展制度的立、改、废、释等工作，使得监督体系建设有依据、有保障。

（一）安康烟草商业企业的监督制度概况

目前，安康市烟草专卖局（公司）（简称"安康烟草"）已在各工作领域形成一系列"制度群"，数量众多，以下就各发文部门的重点监督制度文件进行列举，以便后续制度解读和分析。

表2-1　安康烟草重点制度文件一览表

序号	发文部门	重点制度文件列举
1	人事科	《中共安康市烟草专卖局（公司）党组基层单位股级干部选拔任用指导意见》
2		《安康市烟草专卖局（公司）科级干部学习制度》
3		《安康市烟草专卖局（公司）干部管理监督工作联席会议制度（试行）》
4		《安康市烟草专卖局（公司）科级干部述责述廉制度》
5		《安康市烟草专卖局（公司）基层单位领导干部选拔任用工作实施办法》

序号	发文部门	重点制度文件列举
6		《安康市烟草专卖局（公司）科级非领导职务设置及选拔任用管理规定》
7		《安康市烟草专卖局（公司）机关公开遴选工作管理办法（试行）》
1	纪检监察科	《安康市烟草专卖局（公司）纪检监察办案协作机制实施办法（试行）》
2		《安康市烟草专卖局（公司）领导干部廉政档案管理办法（试行）》
3		《安康市烟草专卖局（公司）巡察工作实施细则（试行）》
4		《关于完善巡察工作协作机制的通知》
5		《关于推进全市系统警示教育常态化制度化的实施意见》
6		《关于构建"大监督"体系的实施意见（试行）》
7		《中共安康市烟草专卖局（公司）党组贯彻落实中央八项规定实施细则的具体办法》
8		《关于深入开展廉政谈话的实施意见》
9		《党支部纪律检查委员及纪检监察干部落实监督责任制度》
10		《巡察工作实施细则》
11		《关于加强和改进纪检监察工作的实施意见》
12		《安康市烟草专卖局纪检监察工作规范》
13		《严禁领导干部违反规定干预和插手采购活动实施细则》
14		《中共安康市烟草专卖局（公司）党组巡察工作领导小组工作规则和巡察工作领导小组办公室工作规则及巡察组工作规则》

续表

序号	发文部门	重点制度文件列举
1	党建工作科	《关于构建全市系统"大党建"工作格局的实施意见》
2		《关于在全市系统推进党建联盟建设的指导意见》
3		《中共安康市烟草专卖局（公司）党组关于加强基层烟站党建工作的指导意见》
4		《中共安康市烟草专卖局（公司）党组关于深入推进"党建+"工作的指导意见》
5		《中共安康市烟草专卖局（公司）党组基层单位抓党建工作失职失责问责办法（试行）》
1	办公室	《安康市烟草专卖局（公司）信息报送和重大事项报告实施办法（试行）》
2		《安康市烟草专卖局（公司）督查督办工作办法（试行）》
3		《中共安康市烟草专卖局（公司）党组理论学习制度》
4		《安康市烟草专卖局（公司）局长经理办公会议议事规则》
1	卷烟营销中心	《陕西省烟草公司安康市公司紧俏卷烟管理办法（试行）》
2		《陕西省烟草公司安康市公司客户经理"1+X"岗位作业书（试行）》
3		《陕西省烟草公司安康市公司卷烟货源供应管理办法（试行）》
4		《陕西省烟草公司安康市公司客户分档管理实施细则》
5		《陕西省烟草公司安康市公司卷烟货源"档位扩展"供应规范（试行）》
6		《陕西省烟草公司安康市公司高价位卷烟品牌营销管理办法》
7		《陕西省烟草公司安康市公司卷烟品牌营销管理办法》

续表

序号	发文部门	重点制度文件列举
1	专卖监督管理科	《安康市烟草专卖局印发行政执法行为规范（修订）》
2		《安康市烟草专卖局（公司）烟草专卖零售许可证管理工作督导办法》
3		《卷烟经营内部专卖管理监督工作指引实施方案》
4		《安康市烟草专卖局派驻地方政务大厅行政许可岗位工作指引》
5		《陕西省卷烟经营内部专卖管理监督工作指引（试行）实施方案》
6		《安康市烟草专卖局卷烟零售客户信用等级分类监管办法（试行）》
7		《安康市烟草专卖局行政执法追责问责管理办法》
8		《安康市烟草专卖局行政许可责任追究办法》
9		《安康市烟草专卖局卷烟物流内部专卖管理监督办法（试行）》
10		《安康市烟草专卖局关于印发治理烟叶非法流通监督管理办法（试行）》
11		《安康市烟草专卖局烟叶收购内部监督及市场管理工作规定（试行）》
1	烟叶分公司	《安康市烟叶种植收购电子合同管理办法》
2		《安康市烟叶生产灾害救助实施办法》
3		《安康市烟叶生产基础设施项目建设管理办法》
4		《安康市基层烟站管理工作规范》
5		《烟叶物流管理办法》
6		《烟叶收购等级质量管理办法》
7		《烟叶专业化分级散叶收购管理办法》
8		《安康市烟叶用物资管理办法》

续表

序号	发文部门	重点制度文件列举
1		《陕西省烟草公司安康市公司现金管理办法》
2		《安康市烟草专卖局烟草专卖经费管理实施细则》
3		《陕西省烟草公司安康市公司国有资产管理实施办法》
4		《陕西省烟草公司安康市公司烟叶生产扶持兑付管理办法（试行）》
5		《陕西省烟草公司安康市公司烟叶生产应急救灾兑付手续》
6	财务管理科	《陕西省烟草公司安康市公司银行账户和存款管理实施细则》
7		《陕西省烟草公司安康市公司烟叶生产基础设施建设项目补贴资金管理办法》
8		《陕西省烟草公司安康市公司烟叶费用财务管理办法》
9		《陕西省烟草公司安康市公司基层烟叶工作站实物资产管理规范》
10		《陕西省烟草公司安康市公司基层烟站烟叶收购账务操作规范》
11		《陕西省烟草公司安康市公司烟叶产前投入补贴资金管理办法》
1		《安康市烟草专卖局（公司）烟叶生产收购审计监督实施办法》
2		《安康市烟草专卖局（公司）工程及采购项目审计管理办法》
3	审计派驻办	《安康市烟草专卖局（公司）离任经济责任审计办法》
4		《安康市烟草专卖局（公司）物资类项目审计实施细则》
5		《安康市烟草专卖局（公司）服务类项目审计实施细则》
6		《安康市烟草专卖局（公司）工程审计实施细则（试行）》

续表

序号	发文部门	重点制度文件列举
1	企业 管理科	《陕西省烟草公司安康市公司科研项目经费管理办法》
2		《陕西省烟草公司安康市公司科技项目管理办法》
3		《安康市烟草专卖局（公司）对标管理实施细则（试行）》
4		《安康市烟草公司烟叶收购信息系统及设备使用管理规定》
5		《安康市烟草专卖局（公司）举报投诉管理办法（试行）》
6		《陕西省烟草公司安康市公司采购管理实施办法》
1	法规科 （规范办）	《陕西省烟草公司安康市公司采购工作监督考评问责实施细则》
2		《安康市烟草专卖局（公司）烟用物资采购考评问责实施细则》
3		《安康市烟草专卖局（公司）工程建设项目考评问责实施细则（试行）》
4		《安康市烟草专卖局（公司）规范管理工作督办办法》
5		《安康市烟草专卖局（公司）合法性审查管理办法》
6		《安康市烟草专卖局（公司）办事公开民主管理办法》
7		《安康市烟草专卖局办事公开民主管理监督制度》
8		《陕西省烟草公司安康市公司供应商黑名单管理办法》
9		《陕西省烟草公司安康市公司"三项工作"管理委员会工作规则》
10		《安康市烟草专卖局重大执法决定法制审核制度》
11		《陕西省烟草公司安康市公司合同管理办法》
1	安全 管理科	《安康市烟草专卖局基层烟站安全生产管理规范》
2		《安康市烟草专卖局（公司）安全生产管理考核办法》
3		《安康市烟草专卖局机关安全生产管理考核办法》

序号	发文部门	重点制度文件列举
1	后勤服务中心	《陕西省烟草公司安康市公司基层烟叶工作站办公生活设施设备配置使用管理办法》
2		
3		《职工食堂管理实施细则（试行）》
		《安康市烟草专卖局（公司）公务车辆管理实施细则》
1	群团工作科	《陕西省烟草公司安康市公司公益捐赠管理办法》
2		《安康市烟草工会委员会经费管理办法（试行）》
3		《陕西省烟草公司安康市公司劳动防护用品管理办法》
4		《陕西省烟草公司安康市公司职工"四必访"实施办法》

（二）安康烟草商业企业重点制度解读与运行分析

通过对安康烟草出台的各项制度、政策文件进行分类与归纳，可以发现目前安康烟草在各工作领域制定发布的制度文件数量已相对丰富，下面将从党的建设制度、廉洁文化建设制度、干部人事管理制度、烟叶生产和收购制度、卷烟营销与管理制度、烟草专卖与执法制度和其他综合事务管理制度等方面进行制度介绍与分析，对重点制度的出台背景和目的、内容、实施成效进行重点解读。

1. 党建制度与运行。在党的建设方面，根据安康烟草实际制定出台一系列文件政策，坚决贯彻执行党的路线、方针、政策及行业党建工作安排部署，统筹推进全市系统党的建设和高质量发展。

安康烟草党组制定了《关于构建全市系统"大党建"工作格局的实施意见（试行）》（以下简称《意见》），旨在推进党建工作与企业发展深度融合，以党建工作保证企业发展，以企业发展促进党建工作，在抓好企业效益、提高企业竞争力的同时做好党的建设，力将安康烟草建设为全省一流烟草商业企业。《意见》指出，"大党建"的工作目标有五项，分别是将党的政治优势转化为企业治理效能、将党的思想优势转化为企业发展动力、将党的组织优势转化为企业发展资源、将党的群众优势转化为企业发展活力、将党的制度优势转化为企业发展效率。《意见》将党的建设与企业发展如何融合的问题作为重点任务，指出要融入企业治理制度、治理体制、决策程序、督导考评体系。

关于该《意见》的实施效果，通过现场座谈会和问卷调查结果来看，"大党建"工作格局构建已经相对成熟，全市系统各支部以联系、帮扶、结对、共建等方式开展党建联盟，与联盟单位积极交流沟通，打造服务烟农、服务客户、服务群众、服务社会的新服务机制，促使工作互联、资源共享与产业共推。

根据《中共中央关于加强对"一把手"和领导班子监督的意见》和省局（公司）党组《关于落实对"一把手"和领导班子监督的工作措施》，安康烟草党组研究制定了《关于落实对"一把手"和领导班子监督的具体措施》（以下简称《具体措施》）。该《具体措施》强调全市"一把手"要从讲政治的高度认识监督工作，对各级党组织、纪检监察机构和纪检监察干部提出了相应要求，共十一项具体措施。该《具体措施》突出对"一把手"和领导班子的政治监督，执行"一把手"第一责任人清单和领导班子其他成员"一岗双责"清单，通过民主集中制避免"一把手"个人决策的现象，同时加强干部考核，充分利用好述责述廉机制，党内监督谈话制度等。

2. 廉洁文化建设的制度与运行。目前安康烟草出台的相关制度文件主要是《中共安康市烟草专卖局党组纪检组关于推进全市系统警示教育常态化制度化的实施意见》，警示教育注重预防、注重日常监督。教育内容主要包括任前廉政教育、警示教育大会、主题教育、日常警示教育、节前提醒教育等。以 2022 年元旦为例，安康烟草在元旦前组织集中学习典型案例，要求全体党员干部汲取教训并组织全市系统副科级以上干部签订《2022 年廉洁过节承诺书》。与此同时，为做到思想建党与文化兴企同频共振，安康烟草开展上红色教育课、听红色故事、读红色书籍、观红色旧址、重温红色誓词、进行红色体验的"六个红色"系列课程。总体而言，安康烟草的廉洁文化建设还存在较大提升空间。

3. 干部人事管理制度与运行。为优化干部选拔任用，尤其是领导干部，安康烟草相继出台《基层单位领导干部选拔任用工作实施办法》《机关科级干部选拔任用实施办法》《党组基层单位股级干部选拔任用指导意见》，还出台《科级非领导职务设置及选拔任用管理规定》。通过以上制度规定，干部选拔任用相对处于一个平衡状态，重点问题还是对领导干部的监督。

干部监督的重点是干部选拔任用过程监督管理、干部监督考核管理、干部日常监督管理。干部选拔任用过程中监督管理的内容包括是否严格按照规定的职数选拔任用股级干部、是否严格按照股级干部选任程序选拔任用股级干部。而对于干部监督管理，主要包括领导班子和领导干部的政治素质、履职能力、工作成效、作风表现等主要方面。在干部日常监督管理上，重点在于重大事项请示报告落实情况。

在人事管理方面，安康烟草对公开招录事项、考勤管理、职称评审推荐聘任以及劳动关系管理方面制定制度并严格落实。

4. 烟叶生产收购制度与运行。烟叶生产和收购领域在监督不到位、监督不细致的情况下容易发生廉洁风险，尤其是侵害烟叶种植户权益的"小微腐败"时有发生。针对烟叶生产实际，安康烟草主要聚焦基础设施建设、烟叶种植合同管理、烟用物资和物流管理、烟叶烘烤、烟叶产前补贴等方面出台制度。对于烟叶收购，主要涉及在分级散叶收购、收购等级质量评定、移库验收环节、基层烟站管理等方面制定文件。

烟叶生产方面。在烟叶种植合同管理方面，目前已采用电子合同并统一下发存折式制式合同。为规范合同管理，制定颁布《安康市烟叶种植合同收购电子合同管理办法（试行）》。合同签订会经历种植面积摸底—合同草签—"安康烟技通" APP 端填写《烟叶种植申请受理单》并录入种植户基本资料等合同信息—烟站初审—县分公司复核—确认及公示—录入系统—合同打印—合同确认—核实面积等程序。根据调查问卷结果显示，在被问及签订合同时是否存在虚写亩数、金额等问题，有 4.35% 认为非常不符合，2.17% 认为比较不符合。烟叶种植合同签订需要经过严格的流程，其中要进行两次面积落实且烟站对合同签订具有初步审核权，因此以上两方面问题还需加强监督力度。

烟叶生产基础设施事关烟叶种植户生产效率，针对基础设施项目建设制定《烟叶生产基础设施建设项目管护办法》《烟叶生产基础设施建设项目预算管理办法》《烟叶生产基础设施建设项目核销管理办法》《烟叶生产基础设施建设项目损毁修复管理办法》等。安康烟草很重视此方面的问题，相关制度建设已经比较完善，但根据调查问卷显示，有 69.57% 被调查者希望在基础设施扶持方面进行改进，因此在基础设施方面制度制定和烟叶种植户的反馈方面还存在一定差距。

管护资金监督方面，在烟叶生产基础设施项目建设领导小组办公室设立专户，确保专款专用，制定管护资金使用办法，各县（区）烟叶生产基础设施项目建设领导小组办公室和管护单位要建立专用账本，实行专账、专人管理。同时要接受农户监督，烟基项目管护经费，要按照村务公开的要求，定期张榜公布收支情况，依法接受广大群众的监督。管护资金的使用接受审计部门的审计监督。另外，关于烟基项目核销管理也应为监督重点，项目的核销申报要现场查看、严格审核，核销必须符合损毁性核销或者政策性核销，对于不同类型的项目（烟田水利、机耕路、烟叶调制设施、烟草农用机械、育苗设施）设定具体条件。核查要求组成专班对项目核销条件开展实地核查。核查比例必须达到100%，核销具体事项要进行公示不少于7日，接受群众监督。

在烟叶收购方面，出现问题的点较多，相应制定的制度也较为全面。烟叶种植户版问卷共有5道题目涉及烟叶收购，其中受调者对于收购过程中的压价抬价、压级抬级反应较强烈，有17.39%认为非常符合，15.94%认为比较符合。

在烟叶收购等级质量管理方面，市局（公司）、县级局（分公司）、烟叶收购站分别承担不同的职责，烟叶收购站作为最直接与种植户接触的主体，享有的权力较大，容易滋生"微腐败"。同时，烟叶收购站承担按照国家标准和新烟样品仿制收购对照样品，并根据实际情况及时更换调整的职责，对于烟叶等级纯度也要进行监管。目前，对于烟叶收购等级质量试行责任追溯制度，在收购、移库、备货、交接、调拨直至打叶复烤过程中，出现任何质量事故的，严格逐级追究相关责任人责任。烟叶收购调拨期间，对各级烟叶等级质量管理人员实行烟叶等级质量和个人经济责任挂钩的岗位绩效考核工作制和行政问责制。烟站作为烟叶工作的基层单位，是烟叶种植合同管理、生产管理、收购管理、质量管理、物资供应、技术服务以及促农增收、多元发展等综合服务工作的直接承担者，是联系企业、烟农的桥梁和纽带，是行业面向社会的主要窗口。安康市局（公司）针对基层烟站专门出台《安康市基层烟站管理工作规范》，推进烟站持续健康建设就是把好了烟草商业企业的

"第一道关"。

5. 卷烟营销管理制度。在卷烟营销领域，卷烟零售户成为烟草商业企业共建多元主体之一。问卷所涉及的经营档位问题、货源分配和卷烟搭售问题、智能终端建设、技术指导等都是客户持续关心的。在以上方面，以卷烟营销中心为制度建设主体，监管部门制定了相关规定。

货源分配及紧俏卷烟管理方面，货源分配和紧俏烟管理事关零售户能否良好经营，分配不当会影响零售户的收入、经营档位等。紧俏货源遵循"系统计算、尊重市场、集体研究、严格规范"原则，对货源属性每月划分一次。《陕西省烟草公司安康市公司紧俏卷烟管理办法（试行）》规定了有关紧俏货源的 7 项禁止性规定，包括卷烟搭售、为亲属好友优先订货、修改订单、强行要求订购等，对于这些禁止性事项，内部人员暗中操作现象应为重点检查对象。对卷烟分配、流向出现违规现象时，纪检监察科应及时查找线索，从严查处。与此相关的制度还有《安康市公司卷烟品牌营销管理办法》《安康市公司高价位卷烟品牌营销管理办法》《安康市公司卷烟货源"档位扩展"供应规范》等。

在客户经理提供服务方面，监管部门制定了《安康市公司客户经理 1+X 岗位作业书》，该文件区分了客户经理基础岗位和专业岗位，客户经理作为卷烟零售户参与经营的前沿触手和关键岗位，其服务质量对于卷烟营销市场化改革，促进公司与客户友好共处具有重要作用。该作业书为客户经理各项工作制作了作业流程图，包括终端建设、信息采集、品牌培育、需求预测、诚信互助小组建设，为客户经理开展工作提供依据。同时设置"考核指标清单"对客户经理的工作进行评估，以便及时掌握客户经理各方面服务情况。与此相关的制度还有《安康市公司 5S 卷烟零售终端服务标准》《安康市公司卷烟零售客户诚信互助小组建设运行规范》《安康市公司信息采集和分析应用管理办法》《安康市公司零售客户信息保密管理办法》等。

针对客户分档，监管部门制定《陕西省烟草公司安康市公司客户分档管理实施细则》。其中要求，卷烟零售客户的档位严格与其经营能力匹配，以"控制大户、发展中户、扶持小户"为准则，以"购进金额、购进量、条均价"为经营能力主要评价条件。全市系统客户档位统一划分为 30 档，分档每季度开展一次。该细则对分档的工作流程规定细致，严格执行信息公示和资料备案。与客户分档相关的规定还有《客户分档管理办法的补充规定》。

6. 烟草专卖执法制度与运行。烟草专卖与执法中最重要的两方面是行政许可证的办理和行政执法与处罚。为规范烟草专卖许可证的办理，监管部门制定《安康市烟草专卖局派驻地方政务大厅行政许可岗位工作指引》《安康市烟草专卖局行政许可责任追究办法》。为响应简政放权政策方针，监管部门制定《关于简化零售许可审批程序的通知》。烟草专卖零售许可证的办理，除满足申请条件、递交申请材料等环节外，还有一核心环节即实地核查，烟草专卖局受理申请后会指派两名以上工作人员到经营场所进行核查，进而决定是否核查通过。根据调查问卷显示，参与调查的卷烟零售户被问及是否听说过办证工作人员人为阻碍、收受好处的情形，有 7.29% 表示非常符合，有 2.55% 表示比较符合，有 49.31% 表示不清楚。可见目前对许可证办理的监督还不足，监督有效性上待加强。

就行政执法方面，主要体现为内部专卖监督与检查。目前相关部门已制定《内部专卖管理监督定期检查工作指导书》《内部专卖管理监督违规线索调查工作指导书》《内部专卖管理监督营销策略监管工作指导书》《内部专卖管理监督预警信息处理工作指导书》四个监督制度规范和一个《安康市烟草专卖局行政执法追责问责管理办法》，除此之外，还有三项市场监管方面的守则。就行政执法领域的廉洁风险防控来说，执法不力、执法不严是重点，因此对行政执法不当及时追责问责不失为一种有效的监督方式。通过严格限定烟草专卖执法追责问责范围，界定具体情形的含义以及免责事项，并实行"承担主体责任到人"制度，区分对专卖执法部门和专卖执法人员不同的执法责任承担方式，促使执法部门和执法人员严格履行职责、帮助净化烟草市场生态。对于部门和具体责任人的追责问责可以同时进行，也可以视情况择一适用。另外，还制定有行政执法全过程记录制度，既能保护执法相对人的权益，又能为行政执法部门和人员提供证据记录。

按照《中国烟草总公司关于加快推进卷烟零售客户信用体系的指导意见》等相关文件和精神，对于卷烟零售客户信用等级问题，安康市烟草专卖局（公司）制定了四个文件，不断建立健全信用分类管理体系，促进零售客户诚信守法经营，营造规范有序的烟草专卖市场环境。

7. 其他综合事务管理制度与运行。其他综合事务管理主要涉及企业管理、安全管理、后勤服务、办公室工作和群团工作方面的制度。

后勤管理涉及事项较多，对整个企业安全、有序开展工作发挥着重要作用。为有效开展各项工作，安康市烟草专卖局（公司）出台《职工食堂管理实施细则（试行）》《安康市烟草专卖局（公司）公务车辆管理实施细则》，同时学习落实中央八项规定精神和实施细则以及各类相关文件要求，为企业持续发展发挥好"稳定器"的作用。

群团工作科（工会办公室）在制度建设方面主要涉及公益资金捐赠、职工权益保护和巩固衔接工作，如《陕西省烟草公司安康市公司职工"四必访"实施办法》，同时包括各类文企活动的组织与策划，为企业以及职工的全面发展提供机会。

二、安康烟草商业企业监督部门现状

（一）现有内设机构设立、职责及其权限

安康市烟草专卖局（公司）机关内设机构13个，分别为办公室、党建工作科、人事科、专卖监督管理科（内部专卖管理监督派驻办）、企业管理科（信息中心）、财务管理科（审计派驻办）、法规科（规范管理办公室）、纪检监察科、群团工作科（工会办公室）、安全管理科、烟叶分公司（烟叶生产技术中心）、卷烟营销中心、后勤服务中心。

办公室负责拟订并组织实施机关政务管理制度和工作规范；负责综合协调、综合调研、督查督办、公文管理、文字综合、会议管理、政务信息、新闻宣传、网站管理、对外信息公开、信访稳定、档案管理、保密管理、机要管理、应急管理、值班管理和接待服务等工作。

党建工作科负责全市系统党建工作规划的制定，组织和指导全市系统党的建设、精神文明建设等；负责党建工作述职、评议、检查和考核；负责全市系统职工思想政治工作、党组理论学习中心组学习；负责市局（公司）直属机关党委日常工作。

人事科负责全市系统干部人事管理和干部职工队伍建设、劳动用工管理、薪酬、社会保险等；负责职工教育培训、离退休人员服务管理工作、负责市、县两级公司和物流分公司工作业绩考核、履职考核和绩效考核等。

专卖监督管理科（内部专卖管理监督派驻办）负责监督检查辖区烟草专

卖法律法规及规章的执行情况，制订实施辖区专卖管理监督制度；组织指导涉烟违法违规大要案件查处，打击假冒伪劣、走私烟草专卖品等违法行为；承担烟草专卖许可证、准运证的办理及其监督、管理工作。内部专卖管理监督派驻办负责监督检查辖区行业内部生产经营企业遵守烟草专卖法律法规及行业规范的情况；组织协调内部专卖管理监督工作，负责对行业内部生产经营企业的日常监管及违反烟草专卖法律法规生产经营问题的查处。

企业管理科（信息中心）负责拟订全市系统发展战略和规划；负责综合计划及经济运行工作；负责推进精益管理和质量管理体系建设，承担对标、QC 等企业基础管理工作；负责行业绩效考核及地方目标考核管理；负责科技项目、科技成果和标准化监督管理工作；负责烟草专卖品价格管理及采购价格监督管理；负责真假烟鉴别、投诉处理工作；负责拟订并组织实施全市系统网络安全、信息化规划、管理制度和标准；负责全市系统统计管理工作；负责信息化项目的建设和管理，推动互联网创新成果与行业生产经营管理深度融合；负责网络和信息安全工作；负责信息系统运行维护管理工作；负责信息化资产管理工作。

财务管理科负责全市系统财务管理、预算管理、国有资产管理、投资管理及资金管理工作；负责组织开展定额标准体系建设工作；负责全市系统会计核算、监督及税务管理工作；负责基建工程投资项目、大额信息化投资项目的计划、立项、过程管理及验收工作。

审计派驻办负责拟订全市系统内部审计工作制度，组织实施内部审计监督；落实上级审计指令，督促检查被审计单位的审计整改落实工作。

法规科（规范管理办公室）负责全市系统有关政策法规、专卖执法监督、法律风险防控体系建设、重要决策、规范性文件、规章制度及各类合同合法性审查、法律咨询和服务工作；负责承办相关行政复议，处理诉讼仲裁、法律纠纷等企业法务工作；负责普法宣传教育工作。负责制订和组织实施全市系统规范管理工作计划，统筹推进各领域的规范管理工作；落实行业规范管理制度，制定规范管理运作规则和配套办法；督查督办规范管理工作贯彻落实情况；负责"三项工作"管委会日常工作。

纪检监察科负责党内监督和全市系统监察工作，协助党组开展党风廉政建设和反腐败工作；监督相关部门落实惩治和预防腐败工作任务；强化监督执纪问责，受理各类检举、控告、调查处置违规违纪问题，受理纪律处分的申诉；负责巡察办日常工作，负责市局（公司）直属机关纪律检查委员会日常工作。

群团工作科（工会办公室）负责全市系统群团组织建设，指导各级群团组织开展工作；组织各项比赛、文化体育活动；组织开展行业工会和机关工会、团委、青工委、妇工委、烟草学会日常工作；做好职工劳动保护工作；负责巩固脱贫攻坚成果同乡村振兴有效衔接、公益资金捐赠工作。

安全管理科负责贯彻执行国家安全生产方针、政策和法律、法规以及行业安全生产工作要求；组织、协调、监督、检查和报告全市系统消防安全、生产安全、交通安全、职业健康和内部治安等安全生产管理工作；依法依规处理生产安全事故；承担安全生产委员会的日常工作。

烟叶分公司（烟叶生产技术中心）负责全市系统烟叶产业政策贯彻与目标任务管理；负责烟叶生产管理、收购管理、调拨管理、经营管理、烟用物资管理等工作；负责拟定基层建设规划及管理制度；负责组织实施现代烟草农业建设、生产技术推广工作；负责烟叶基础设施建设和烟草水源工程建设项目的管理工作；负责烟农增收服务工作；负责烟草科技项目的组织、研究、开发及管理创新等工作；提供烟草农业新品种、新技术、新工艺、新方法的示范、推广及培训服务。

卷烟营销中心负责拟定和实施全市系统卷烟营销规划。承担卷烟营销市场化取向改革工作；负责组织、指导、监管、检查全市卷烟购进、卷烟销售、品牌培育、工商协同和卷烟营销网络建设工作；负责全市系统卷烟市场信息监测及分析工作。

后勤服务中心负责安康烟草后勤服务保障、安全保卫、物业管理、食堂管理、创卫工作、环境卫生管理、绿化、美化工作；负责全市系统采购管理及采购办日常工作，负责房屋修缮、基础设施建设项目论证，设施配备计划审核；负责全市系统会议和机关日常会议的后勤服务工作，管理全市系统实物资产、无形资产；负责瀛湖培训中心日常管理。

（二）监督部门的设置与职责权限

1. 专责监督部门。专责监督旨在专门发挥纪检监察主力军的作用，由安康烟草纪检监察科承担这一职责。首先，纪检监察科抓住监督这一基本职责，全面履行对专职监督、业务监督等其他监督的再监督功能。其次，坚持管理责任、监督责任"双查双问"，对于重大问题分析研判、定性处置，对违纪违规线索严格按照程序进行调查处置。再次，做好日常监督，在细节中见真知，深化运用"四种形态"，对于违纪边缘问题和早期苗头问题及时提醒教育，抓早抓小、防微杜渐。最后，定期开展巡察监督，协助党组对下级党组织坚持党的全面领导、执行党中央重大决策部署、履行职能职责等情况进行监督。

2. 专职监督部门。专职监督旨在充分调用人事科、专卖（内管）科、法规科（规范办）、审计派驻办，有效发挥职能部门的专业资源和专业优势，将监督力量深入所管辖领域。

人事科围绕干部人事管理、劳动用工管理、薪酬管理、社会保险与企业年金管理、干部职工教育培训、离退休人员服务管理工作等重点监督事项，履行好监督职责。审计派驻办主要落实上级审计部署、组织实施内部审计监督，及时督促检查被审计单位（部门）开展整改，同时与外部审计开展协同监督。法规科的监督职责在于专卖执法案卷检查、规范性文件审核、合同管理等重要方面，规范管理办公室，重点强抓对采购项目、采购程序、采购合同等方面的监督管理。专卖（内管）科的职责是依据省局（公司）的部署和要求，组织实施内部专卖管理监督，对辖区内"两烟"生产经营企业进行监管，同时落实内控机制监督。

3. 业务监督部门。业务监督涉及部门众多，包括办公室、企管、党建、后勤、专卖、营销、烟叶、群团和安全生产部门。业务部门负责开展各自的业务，要推进业务管理与业务监督相融合，对人、财、物、事同步管理和监督，对"三重一大"、专卖执法、物资采购、工会活动、安全生产等各个方面进行全覆盖监督、无盲区监督。办公室配合其他部门开展工作，在信访稳定、公文流转、档案管理、机要管理等方面开展监督，防范廉洁风险。党建工作部门在党建方面开展工作，同时在组织建设、党务公开、党费管理、党建考核等领域进行廉洁风险防范。后勤管理部门聚焦一般服务保障、日常物资采购、日常维修工作、固定资产登记、公务车辆管理等方面实施监督。卷烟营销中心聚焦客户服务、样品烟管理、品牌进退、货源分配等开展工作和实施监督。烟叶部门在种植计划、面积落实、烟叶育苗、烟叶收购调拨等方面防范廉洁风险。群团科负责对工会经费、工会慰问费、扶贫专项资金等进行监督。

三、安康烟草商业企业监督工作现状

（一）现有监督基本方式及运行状况

安康烟草内部所有部门参与廉洁风险防控建设工作，各部门根据自身情况及职责进行监督，形成完整的内部监督体系。该体系整合为以政治监督为首，统筹专责监督、专职监督、业务监督、群众监督的多元监督模式。公司内多个部门参与监督体系建设，充分发挥纪检监察专责监督作用，有机整合审计、人事、规范、内管等部门监督职能，其中调动财务、审计、人事、内管进行专职监督，由办公室、企管、党建、后勤、营销、烟叶、群团、安全进行业务监督。由系统内干部职工、卷烟零售户、烟叶种植户和消费者进行群众监督，形成了齐抓共管的监督格局。

1. 政治监督。安康烟草党组将讲政治作为监督的灵魂，以党内监督为主导，强化政治监督的统领作用。全市系统不断增强"四个意识"，坚定"四个自信"，做到"两个维护"，严守党的政治纪律和政治规矩，始终在思想上、政治上、行动上同以习近平同志为核心的党中央保持高度一致。从政治理论学习、净化政治生态、加强警示教育等方面强化政治建设。从 2021 年度的实践来看，安康烟草做到了及时学习习近平总书记"七一"讲话精神、习近平总书记来陕考察重要指示精神、十九届六中全会精神、十九届中央纪委五次全会精神等。党组会议开展政治理论学习 16 次，党组理论学习中心组集体学习 12 次，交流研讨 7 次、39 人次。安康烟草党组与 11 家基层单位签订全面从严治党主体责任书，党组纪检组与机关部门签订党风廉政建设"一岗双责"责任书，还出台了《关于深入开展廉政谈话的实施意见》，将政治监督融入日常谈话，使廉政谈话常态化、制度化、规范化。党组纪检组出台了《县级局（分公司）纪检监察工作考核办法》，和与之相配套的《考核评分细则》，对下级各单位落实全面从严治党"两个责任"情况进行系统监督检查和考核测评。针对党史学习教育、疫情防控等中央重大部署开展专项监督检查，全面落实省局（公司）党组巡察反馈问题整改，对 4 家基层党支部开展常规巡察、对 8 家单位进行巡察"回头看"，实现本轮巡察全覆盖，推动政治生态持续向好。

2. 专责监督。纪检监察科作为安康烟草内部专责监督机关，在监督工作开展上发挥不可替代的作用。专责监督在监督体系中发挥主导地位，聚焦纪检监察"监督的再监督"职能，在做好部门自身监督工作的同时，要对政治监督、专职监督、业务监督、群众监督四方面工作进行"二次监督"。纪检监察科积极履行协助党组落实全面从严治党主体责任的工作职责，深入开展全市系统落实"中央八项规定"及其实施细则及精神情况监督检查，持续深化作风纪律排查整治，组织开展政治生态突出问题全面整改。针对信访工作，纪检监察科配合省局（公司）落实《纪检监察受理信访举报工作实施细则》。在"一把手"和领导班子监督上，紧盯关键少数。根据《中共中央关于加强对"一把手"和领导班子监督的意见》和省局（公司）相应文件，制定全市系统落实对"一把手"和领导班子的具体监督措施，细化监督责任清单。完善科级干部监督工作，坚持科级干部述职述廉制度建设，对干部廉政档案进行整理归档，实现科级干部述廉规范化、标准化。严把党风廉政意见回复关口，对干部选拔任用、评优评先严格审核后出具廉洁审核意见，防止带病提拔、带伤评优。全年接受信访举报 16 件，按照四类方式处置问题线索 16 件，其中包括初核 10 件、谈话函询 3 件、直接了结 3 件，发现违纪问题立案 2 起，贯通运用监督执纪"四种形态"处理 32 人次。制定印发《关于推进全市系统警示教育常态化制度化的实施意见》，将警示教育融入党组理论学习中心组学习内容，针对科级以上干部，每月至少开展一次警示教育，全年共开展警示教育 13 次，召开全市系统警示教育大会 2 次。

3. 专职监督。安康烟草专卖局（公司）促进内部监督体系不断完善，朝着"大监督"体系最终建立健全的目标不断迈进。专职监督并不意味着监督成为组织人事、财务审计、规范管理等部门的唯一工作，而是指这些部门作为全市系统贯通、协同监督的核心部门。部门与部门之间在做好本职工作的同时，充分发挥各自监督优势、相互贯通、形成合力，释放专职监督效能。专职监督部门重视监督工作协调开展，以相关配套制度为依据，以贯通协同监督责任清单为标准，切实履行好各自职能范围内的监督职责，担负起完善监督体系的主体责任。

4. 业务监督。首先，各业务部门自身要重视本部门的廉洁风险防控，梳理本部门在业务过程中存在的廉洁风险点及表现形式，并有针对性地提出防控措施。各部门负责人和业务骨干起带头作用，以廉洁风险防控表为范本，抓好本部门、本领域自我监督工作。其次，纪检监察、组织人事、财务审计、规范管理、专卖内管等部门盯紧风险多发、易发环节，推动重点领域、关键环节、重要岗位持续规范，根据自身监督职责和权限落实对重点领域、重点岗位、重点人员的监督。业务工作开展与监督工作落实同向发力，双管齐下。一手抓业务，保证业务稳步、高效、廉洁进行，一手抓监督，保证各部门落实党风廉政建设和反腐败工作。业务监督的设置使得监督管理具体化、常态化成为可能，提升业务能力的同时提高工作效能。

5. 群众监督。发挥人民群众监督作用是"大监督"建设的重要一环。群众监督作为外部监督，有别于上述其他监督形式，重点解决内部监督之中的不敢监督、不便监督问题。就目前来看，安康烟草接受群众监督的途径主要有信访举报、办事公开以及复议诉讼等。安康市烟草专卖局（公司）网站设有"政民互动"窗口，除回复和解答群众问题外，还承担接收举报线索的功能，但目前应用不广泛。

监督强调"事前介入—事中追踪—事后评估"，注重对工作流程的监督。在流程监督运行时，不同部门、不同岗位、不同事项之间的侧重点和方式都存在差异。工作流程监督既注重时间上的流动，也注重空间上的流动。具体参见表2-2：

表2-2 监督示例表

部门名称	重点事项	具体内容
办公室	督查督办	拟办、立项、交办、催办
	信访维稳	信访报送、信访排查、矛盾化解
	档案管理	及时准确归档、定期整理、规范使用档案
	应急管理	应急管理预防阶段、预备阶段、响应阶段、恢复阶段

部门名称	重点事项	具体内容
党建工作科	党的建设	制定年度党建工作要点、实施党建计划、定期评估党建效果
	述职评议工作	制定党支部书记抓党建工作述职评议工作计划、召开述职评议会议、进行民主测评、分析全市系统党建工作存在问题、制定整改措施
	思想政治教育	进行体现烟草行业特色、体现本公司特点的思想政治教育
人事科	干部人事管理	干部队伍建设、规范干部行为、提高干部工作水平
	劳动用工管理	定岗定员、员工离岗及流动、劳动录用及解除、岗前培训等
	薪酬管理	薪酬发放与管理
专卖监督管理科	行政执法	执法主体、执法程序、执法依据、自由裁量权的尺度
	违规查处	违规查处的真实、准确性，定期回访查处效果
	打假打私	线索掌握、案件处理、案件移送
	许可办理	烟草专卖许可证办理全流程
企业管理科	科技项目管理	对项目涉及的组织、人员、资金、科技成果、知识产权等的管理
	烟草专卖价格管理与监督	价格指导、价格公开、分类细化价格
	系统信息管理与统计	系统维护、信息公开、信息统计真实
财务管理科	财务管理	财务报表分析、数据生成、资金支付、财务收支
	预算管理	预算编制、预算控制、预算执行
	国有资产管理	资产保值增值

部门名称	重点事项	具体内容
审计派驻办	经济监督	事前审计、事中审计、事后审计
法规科 （规范办）	规范管理监督	监督规范管理制度落实情况、采购工作执行情况等
纪检监察科	党内监督	政治监督、纪律监督、作风监督
	日常监督	常规检查、定向检查、联合检查、线索接收、廉政审查
	执纪问责	受理信访举报、问题线索初核、立案审查调查、问责处理
	巡察	确定巡察重点、实施巡察、通报发现问题、监督整改问题
群团工作科 （工会办公室）	职工劳动保护	职工安全与健康、休息休假、薪酬保障等
	巩固衔接工作	驻村人员监管、捐赠资金监管
	公益捐赠工作	捐赠对象选择、捐赠物资选择与管理、捐赠后续汇报
安全管理科	生产安全事故预防与处理	安全生产法规学习、安全常识应用、组织机构和人员管理
	日常安全检查	班前、班后检查
烟叶分公司 （烟叶生产技术中心）	烟叶种植	土地来源、面积丈量
	烟叶收购	评级、定价、称重、结款
	生产物资管理	烟种、肥料、地膜等管理
	生产技术指导	帮扶时间、帮扶阶段、帮扶效果
	烟站管理	烟站人、财、物管理

续表

部门名称	重点事项	具体内容
卷烟 营销中心	客户经理管理	客户经理指导工作完成情况、客户满意度、客户经理专业化程度、服务意识等
	货源分配工作	货源分配公开化、透明度
	智能终端 支持工作	零售所用设备的日常维护、更换、维修
	零售档位评定	档位评定依据、评定的客观性和真实性
后勤 服务中心	物业管理	物业服务企业的选择、更换等
	食堂建设 与管理	食堂采购、人员配备等
	日常采购工作	采购物品、采购资金、采购商家等检查
	实物资产 管理工作	车辆、房屋等管理、检查与维修

（二）现有监督方式的效果研判

安康烟草将全面监督与重点监督相结合，日常监督与专项监督相结合，探索建立健全执纪监督、监察监督、巡察监督，并与职能监督和业务监督相融合。在"大监督"体系逐步构建背景下，监督对象不仅仅包括市局（公司）及以下所有行使公权力的人员，还包括安康烟草系统内部所有人员。

在监督职责方面，以安康烟草的实际来看，目前13个内设部门全部参与监督工作，各部门的监督参与感有所增强。理论上，为达到监督的专业化、规范化，做到专业的人做专业的事，首先履行监督职责的是纪检监察机构，但从力量资源来看仍显不足，当前纪检监察科仅4人，同时承担巡察工作任务，深入有效开展全面监督难免吃力。对于专职监督和业务监督部门履行职责的专业化水平的问题，这些部门对于自身原本的职责和业务必定熟练，但对于"如何监督"这个问题可能了解不深，对相关党纪和法规掌握不足，监督质效难以保证。另外，目前的监督聚焦执纪方面，侧重党纪的贯彻落实，但监督部门对于以《中华人民共和国监察法》《中华人民共和国监察法实施条例》为主的监察法体系缺乏系统的学习，应用"国法"处理违规违法的经验较少。

在监督机制方面，国家监察体制改革使得监督措施丰富、监督范围扩大。在烟草商业企业构建"大监督"体系时，同样会出现监督范围和监督权限扩大的状况。安康烟草考虑到不敢监督会放任腐败，过度监督会阻碍生产经营管理正常开展等问题，力求在"不敢监督"和"过度监督"之间实现平衡，在监督工作中主要有以下做法：一是依法履行监督职责，做到正确、及时、有序、有效的行使监督职权；二是完善工作流程，健全工作规则，结合安康烟草实际，出台政策文件规范执纪执法权限、责任、标准和程序；三是部门协同，部门之间在监督前后环节协作配合，划分监督责任，整合监督资源，形成监督合力。

在监督方法方面，紧扣"事前介入、事中持续追踪、事后调查与评估"的路线。事前介入主要体现在承诺书的签订等事前警示教育和询问，事中追踪是指在职务、业务运营过程中不间断、不定期进行核实，事后调查与评估则表现为及时发现问题，运用好"四种形态"处理问题，分析问题成因并吸取教训。除此之外，应注重日常监督和巡察监督的方法。对于干部个人，日常监督主要通过群众监督、随机检查、考核测评、廉政谈话、廉政审查等方式实现；对基层单位党支部，按计划开展全覆盖巡察，全面监督检查履行管党治党政治责任情况，发现问题督促整改落实。

在监督布局方面，做到内部监督和外部监督一视同仁。在内部监督方面不设上级纪检监察机关的派驻监督，因此直接监督呈现缺位状态。体现外部监督的主要途径是信访举报，近5年来，年均接收信访举报数量不足10件，信访举报发挥的作用有限。考虑到烟草行业的封闭性，普通群众很难接触到廉洁风险线索，这也是外部监督效果有限的原因之一。安康烟草在完善监督布局上已经进行了诸多实践，注重对"一头一尾"的监督，"一头"即单位"一把手"和领导班子，出台了《关于落实对"一把手"和领导班子监督的具体措施》，细化了落实监督责任各类清单；"一尾"即基层一线工作人员。例如，在烟叶生产和收购领域，为了防范可能发生在烟叶种植户身边的"微腐败"，将监督的触角延伸到基层烟站、烟农；在卷烟营销领域，检视客户经理履职情况以及货源分配、销售档位评定与调整；在烟草专卖执法领域，紧盯行政许可证的申请和颁发号，以及打击假冒伪劣卷烟执法行为的规范性。

（三）违规违纪查处

2017 年以来，全市系统纪检监察队伍聚焦主责主业，贯通运用监督执纪"四种形态"，严肃查处违规违纪违法问题，共问责处理 164 人次。分布如图 2-1 所示，其中第一种形态 132 人次，占比 80%；第二种形态 29 人次，占比 18%；第三种形态 3 人次，占比 2%。

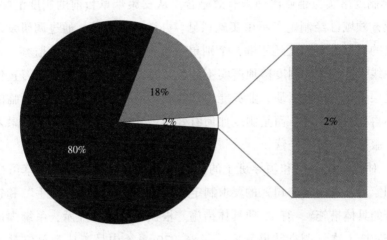

■ 第一种形态　■ 第二种形态　■ 第三种形态

图 2-1　"四种形态"运用情况

全市系统 2017 年以来严厉查处违规违纪违法问题，形成典型案例示警，主要存在以下几类问题：违纪违法方面 6 起，违规决策 1 起，违规经营 2 起，失职失责 3 起。

（四）监督工作存在的问题

1. 监督力量不足。一方面体现在监督人员配备数量较少，另一方面体现在监督的专业性不足。目前安康烟草纪检监察科编制仅 4 人，科长 1 人，工作人员 3 人（含主任科员 1 人）。调查组走访调研汉滨区局时也了解到，区局仅设 1 名兼职纪检监察员，且承担党建等其他工作任务，基本没有时间、精力再进行对其他人员的监督。比如，负责烟叶生产与收购工作的烟站是容易出现问题的重点区域，但烟站分布广泛，工作时间集中，所以监督力量就显不足，特别是基层单位缺乏专职监督机构和人员，导致日常监督不严、不紧，违规违纪问题时有发生。纪检监察科作为专责监督力量，纪检监察干部的配备不足会导致监督无法常态化、深入化。

在监督力量专业性上，缺少对监督队伍专业化提升的培训等。目前有些人员对纪检监察、对国有企业的监督还停留在行政监察的"老路子"上，反腐观念没有及时更新。对监督方面的规范学习上，偏重党内法规，对于监察法规范体系缺乏深入认识。

2. 制度落实与企业治理未有效融合。从安康烟草目前的制度汇编来看，在各业务领域已经制定了不少实施意见、办法、细则等。通过调研发现，某些制度的贯彻落实力度还不够，个别单位重生产经营，轻纪检监察，尤其是针对一线生产经营的制度落地落实不到位。其原因主要是制度学习宣传不到位，基层工作人员的素质、业务能力和执行力有待加强等。当前面临的突出问题不再是缺少制度，而是制度如何有效落地实施，制度如何有效融入企业治理、服务企业生产经营。

3. 对"一把手"和领导班子的同级监督不够有力。安康烟草虽根据中央、国家局、省局（公司）的要求制定了《关于落实对"一把手"和领导班子监督的具体措施》，有 11 项具体措施。根据调查问卷显示，系统内员工参与调查 402 人次，调查结果显示：有 86.07% 系统内员工认为单位对"一把手"和领导班子的监督机制健全，12.94% 认为比较健全，0.75% 认为不清楚监督机制是否健全，0.25% 认为比较不健全。与之形成鲜明对比的是，仍有63.18% 的人认为系统内领导干部是容易腐败的群体。

4. 监督有效性方面待提升。监督有效性的重要体现就是对于违规违纪违法问题的处理力度。根据系统内部员工调查问卷结果显示，对于履行问责职能中是否存在问责不力、问责不透明的问题，有 33.58% 的人认为非常符合，20.4% 的人认为比较符合。在行政许可和行政执法领域，分别有 21.89% 和14.68% 的人在不同程度上认为存在违法违规现象。在招标采购方面，有15.42% 的人在不同程度上认为存在违法违规现象。在被问及烟草系统内容易滋生廉洁风险的主要原因时，有 49% 的被调查员工认为是缺乏有效监督机制，可见，内部员工认识到监督机制的重要作用的同时认为监督体系还不完善。在被问及身边存在违纪违法时如何行动的问题，70.9% 认为向领导反馈，69.65% 表示会向纪检监察部门举报，认为会向违纪违法人员及时提醒的占比57.46%，视而不见的群体占比 3.48%，由此，系统内员工利用法治方式面对违纪违规问题的意识还有待提升。综上，问责处理、专卖执法、招标采购、监督意识等方面是当前监督体系不完善的重点领域。

5. 对基层一线工作人员的权力监督欠缺。对基层一线工作人员的监督应侧重烟站站长、烟站技术人员、客户经理、专卖稽查人员等。目前安康烟草并未专门针对一线工作人员出台监督方案或实施意见。根据各方问卷调查显示，在被问及烟站技术指导人员履职是否存在不规范时，分别有 23.91% 和 10.87% 的人认为非常符合和比较符合。在烟叶收购领域，有 17.39% 的认为压价抬价、压级抬级情形非常符合，15.94% 认为比较符合。同时，烟叶种植户对保险补贴和救助方面的改进呼声最高，高达 72.46%；其次是基础设施建设扶持，达 69.57%；再者是烟叶收购等级评定方面，占比 41.3%。本次调查共计卷烟零售户 864 人次参与，在与零售经营最密切的许可证办理问题上，对于工作人员是否存在人为阻碍、收受好处情形，有 7.29% 认为非常符合，有 2.55% 认为比较符合。对客户经理日常技术指导方面的违规违纪现象，有 6.94% 认为非常符合，1.04% 认为比较符合。当问及烟草专卖执法存在的主要问题，25.69% 认为执法人员自由裁量权过大，19.44% 认为执法程序不规范，有 17.59% 认为处罚结果不合理，有 25.81% 认为处罚结果不及时告知。卷烟零售商对于货源保证方面的呼声最高，达 70.95%。因此针对以上人员、以上岗位、以上领域的监督机制还不健全，监督需向纵深推进。

6. 廉洁文化建设待加强。2022 年 1 月 18 日，习近平总书记在中国共产党第十九届中央纪律检查委员会第六次全体会议上发表重要讲话，在谈及实现不敢腐、不能腐、不想腐的战略目标时，总书记强调：领导干部特别是高级干部要带头落实关于新时代廉洁文化建设的意见，从思想上固本培元，提高党性觉悟，增强拒腐防变能力，这是新时代廉洁文化建设首次出现在总书记重要公开讲话中。廉洁文化建设正是以廉洁为核心，以文化为载体，并融入社会主义核心价值观的文化。廉洁文化建设以"思想自觉"为抓手，聚焦"不想腐"的最高境界，在广大干部职工心底筑牢反腐败的思想防线。在廉洁文化建设上，安康烟草进行了初步探索，认为廉洁文化建设是接下来系统内推进全面从严治党战略下的重点。当前安康烟草在廉洁文化建设方面还未成体系，没有系统的建设计划。现存的与廉洁文化建设有关的制度较少，"文化"意味不浓厚。另外，廉洁文化建设未与企业文化、品牌文化有效融合。

四、安康烟草商业企业监督工作问卷调查情况

为梳理、分析目前烟草行业可能或已经存在的廉政风险点，助力"大监督"体系稳步落地、发挥实效，课题组在安康全市范围内分别向安康市烟草专卖局系统内员工、卷烟零售户和烟叶种植户发放了调查问卷。

（一）问卷设计

根据不同受访者的特点，此次问卷调查共设计了三套问卷，分别是安康市烟草商业企业"大监督"体系构建调查问卷（系统内员工）、安康市烟草商业企业"大监督"体系构建调查问卷（卷烟零售户）和安康市烟草商业企业"大监督"体系构建问卷（烟叶种植户）。

其中，安康市烟草商业企业"大监督"体系构建调查问卷（系统内员工）（以下简称"系统内员工问卷"）分为五个部分30道题。分别为基本信息、党组织建设与廉政文化、管理体制与监督机制、执法腐败与廉政风险和"大监督"体系的意见建议。基本信息部分共1道题，主要调查了受访系统内员工所处的部门（岗位）类型。党组织建设与廉政文化建设部分共8道题，其中，第2~4题主要测量了安康市烟草商业企业系统内员工对本单位党组织建设的态度，第5~8题主要测量了系统内员工对本单位廉政建设与廉政文化的态度与看法；管理体制与监督机制部分由第9~18题构成，其中系统内员工对管理体制维度的看法主要由第9~12题表征，第13~18题表现了系统内员工对本单位监督机制的看法；第四个部分为执法腐败与廉政风险，共有10道题，其中第19、20题共同代表了系统内员工对本单位执法腐败问题的态度，第21~28题主要表征了本单位廉政风险情况。第五个部分主要询问了受访系统内员工对构建"大监督"体系的意见建议，由2个主观问题构成，分别是"我认为构建'大监督'体系应当从以下方面进行"以及"我认为本行业内工作协同机制应当从以下方面完善"。

安康市烟草商业企业"大监督"体系构建调查问卷（卷烟零售户）（以下简称"卷烟零售户问卷"）共分为三个部分，分别调查了受访卷烟零售户的基本信息、安康市烟草商业企业依法履职与客户服务情况以及意见建议部分。其中在基本信息部分，问卷分别从卷烟销售的经营年限、经营档位、每月卷烟销售数量以及年度纯收入了解受访卷烟零售户的基本信息；在依法履职与客户服务部分，共有20道问题，其中第5~7题主要询问了受访卷烟零售

户对安康市烟草商业企业行政许可工作的评价，第 8、9 题主要测量了受访卷烟零售户对定档的态度，第 10~12 题主要针对卷烟销售配额环节可能出现的问题展开调查，第 13~15 题主要调查了安康市烟草专卖局（公司）向卷烟零售户提供设备时可能存在的风险点，第 16、17 题主要调查了物流公司和客户经理在开展客户服务时的情况，第 18~20 题用以了解卷烟销售环节可能出现的问题，第 21~23 题主要针对行政处罚环节可能存在的风险点，第 24 题询问了受访卷烟零售户希望得到当地烟草专卖局（公司）哪些支持；第三部分调查了卷烟零售户对当地烟草专卖局（公司）在卷烟销售方面的建议。

安康市烟草商业企业"大监督"体系构建调查问卷（烟叶种植户）（以下简称"烟叶种植户问卷"）包括三个部分共 25 题，第一部分为基本信息，主要从种植烟叶的年限、种植烟叶年纯收入两个方面了解受访烟叶种植户的基本信息；第二部分为烟叶种植与烟草收购部分，全方位从烟叶种植户角度了解当地烟草专卖局（公司）可能存在的风险点，其中第 3 题询问了烟叶种植户继续种植烟叶的意愿，第 4、5 题主要询问了烟叶种植户种植烟叶的土地类型及对土地面积测量方式满意程度，第 6 题了解烟叶种植户获取烟种的方式，第 7~10 题及第 13 题综合了解了烟叶种植户对设备、物资与技术指导服务的看法，第 11、12 题调查了烟叶种植户 IC 卡使用情况，第 14~16 题及第 21 题主要用以了解烟叶收购过程中可能存在的风险点，第 17、18 题主要体现了烟叶收购定价定级及款项收付过程中可能存在的问题，第 19、22、23 题主要了解安康市烟草专卖局（公司）与烟叶种植户之间的纠纷解决方式。第三部分调查了烟草种植户对当地烟草专卖局（公司）的建议。

（二）问卷发放

系统内员工问卷、卷烟零售户问卷、烟叶种植户问卷分别面向安康市烟草专卖局（公司）及 10 个县级局（分公司）和物流分公司的系统内员工、卷烟零售户以及签订烟叶种植收购合同的烟叶种植户发放。

问卷发放期为 2022 年 3 月 10 日~2022 年 3 月 12 日共 3 天，为保证数据采集准确高效，三份问卷均采用线上发放的方式[1]，问卷发放平台为"问卷

---

〔1〕 系统内员工问卷网址：https：//www. wjx. cn/wjx/design/previewmobile. aspx？activity = 152242305& s = 1；卷烟零售户问卷网址：https：//www. wjx. cn/wjx/design/previewmobile. aspx？activity = 1521332 11&s = 1；烟叶种植户问卷网址：https：//www. wjx. cn/wjx/design/previewmobile. aspx？activity = 152241151&s = 1。

星"。发放期结束后对所回收问卷按照如下标准进行了数据清洗：①剔除完成时间过短的问卷（系统内员工问卷完成时间小于 30 秒，卷烟零售户问卷与烟叶种植户问卷小于 20 秒）；②剔除连续 8 个问题选项相同的问卷；③剔除蛇形填答等无效问卷，最终问卷回收情况为：系统内员工问卷共发放并回收 402 份，回收率 100%，剔除无效问卷 23 份，最终获得问卷 379 份，有效率 94.28%；卷烟零售户问卷共发放并回收 864 份，回收率 100%，剔除无效问卷 42 份，最终获得有效问卷 822 份，有效率 95.14%；烟叶种植户问卷共发放并回收 138 份，回收率 100%，剔除无效问卷 12 份，最终获得有效问卷 126 份，有效率 91.30%。

在系统内员工问卷中，业务部门的受访者所占比重最大，约有 62.17% 的受访员工来自业务部门，来自监督部门的员工约占 17.99%，另外还有 19.84% 的受访员工为其他部门员工。受访员工分布情况与安康烟草的员工分布情况基本一致。

在卷烟零售户问卷中，受访卷烟零售户在经营年限的分布上非常平均，有 25.06% 的受访卷烟零售户经营年限为 0~5 年，有 25.91% 的受访卷烟零售户的经营年限为 6~10 年，经营年限为 11~20 年的卷烟零售商略多，所占比重为 26.89%，占比最少的是 20 年以上（不含 20 年）的受访卷烟零售商，为 22.14%。在经营档位方面，受访者中有一半以上所处的档位为 11~20 档，占比 51.58%；1~10 档受访卷烟零售户所占的比重为 32.60%，其余为 21~30 档的卷烟零售商，所占比重为 15.82%。在每月销量方面，约一半的受访卷烟零售户月销量在 21~70 条之间，其次月销量在 71~150 条区间的受访者占比 35.28%，月销 150 条以上（不含 150 条）的受访零售户占比 16.67%，仅有 5.35% 的卷烟零售商月销售卷烟数为 20 条以下。在年纯收入方面，有 68.61% 的受访者表示他们的年度纯收入为 0~5 万元，有 22.51% 的卷烟零售户认为他们的年度纯收入能达到 6 万~10 万元，11 万元以上年度纯收入的卷烟零售商进展 8.88%。

在烟叶种植户问卷中，受访烟叶种植户在种植烟叶年限上分布比较平均，有 18.25% 的受访烟叶种植户种植烟叶年限为 1~5 年，6~10 年的受访烟叶种植户占总体的 23.03%，种植烟叶 11~20 年的受访种植户所占比重最高为 30.95%，其次为种植 20 年以上（不包含 20 年）的烟叶种植户，约占

27.78%。在种植年纯收入方面，有一半的烟叶种植户年纯收入为 6~10 万元，收入为 0~5 万元和 11~20 万元的烟叶种植户所占比重基本持平，分别为 20.63% 和 23.81%，仅有 5.56% 的受访烟叶种植户收入能达到 20 万以上。

从以上受访者基本信息来看，无论是系统内员工问卷、卷烟零售户问卷还是烟叶种植户问卷，受访者在不同分类间的分布与实际情况相符，较为合理，问卷发放与调查结果具有一定的信度与效度。

（三）安康市烟草商业企业"大监督"体系构建调查分析

1. 系统内员工对"大监督"体系构建的看法。

（1）党的组织建设与廉政文化建设。根据调研结果可以判断，安康市烟草专卖局（公司）在通过党组织建设提升监督效率与力度方面做了非常扎实的工作，超过九成的受访员工认为，所在单位党组（党支部）重视政治建设、组织建设、制度建设工作（99.47%），单位内严格贯彻落实中央及行业各级党组的重大决策部署（99.35%），所在单位党务、政务公开落实到位（99.74%）。

抓住"一把手"和领导班子监督这个关键环节，就抓住了监督工作的"牛鼻子"。经过调查后发现，安康烟草系统内员工认为本单位对"一把手"、领导班子的监督机制非常认可。如图 2-2 所示，有 85.19% 的受访员工认为该监督机制非常健全，13.76% 的受访员工认为比较健全，仅有 1.05% 的员工有不同意见。此外，系统内员工对单位职工代表大会履行民主监督的满意度也较高，表示非常满意和比较满意的受访员工达到了 96.03%。

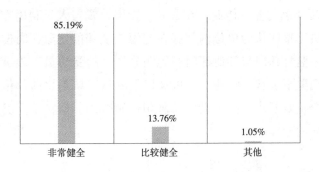

图 2-2　"一把手"与领导班子监督机制健全程度调查结果分布图

本单位系统内采取了多种渠道开展廉政规范或廉政制度学习活动，如图 2-3 所示，在开展廉政规范或廉政制度的多种学习渠道中，会议传达、部门宣传和集体学习是最常使用的三种渠道。其中 91.01% 的受访员工通过会议传达的方式获得关于廉政规范或廉政制度的相关信息，选择部门宣传和集体学习的系统内员工分别占到了 58.99% 与 55.29%，除此之外，互联网平台学习和自主学习等比较依赖系统员工学习能动性的新型学习方式应用也比较广泛。基于此，系统内员工对"有关纪律、法律"了解程度的自评水平较高，认为自己比较或完全了解本系统"有关法律、纪律"的受访员工高达 98.86%，其中有 64.29% 的系统内员工认为自己对"有关法律、纪律"达到了完全了解程度。

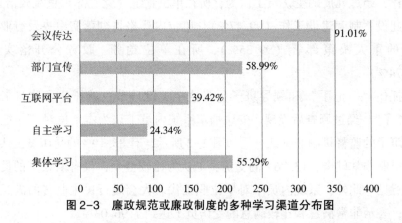

图 2-3　廉政规范或廉政制度的多种学习渠道分布图

（2）管理体制与监督体制。在晋升、岗位设置与人员聘用方面，经调查发现，受访员工整体认为单位内部存在超编或缺编的现象，岗位与编制设置合理，但其中监督部门与其他部门有约四分之一的受访员工表示对本单位的超编或缺编现象不了解。此外，有 90% 以上的员工认为目前单位内晋升过程公平合理符合重要要求、岗位设置与聘用机制合理，但在不同类型员工中表现出比较明显的差异。

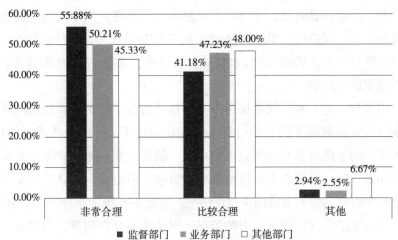

图 2-4 岗位设置分部门评价结果分布图

如图 2-4 所示，在岗位设置方面，监督部门的受访员工认为单位内岗位设置得非常合理的占到了 55.88%，但业务部门（50.21%）和其他部门（45.33%）的受访员工认为非常合理的水平明显低于监督部门，与监督部门相比分别低 5.67 和 10.55 个百分点；在单位内聘用机制方面，如图 2-5 所示，监督部门和其他部门受访员工认为非常合理的占比较接近，均超过了 50%，但业务部门有 45.53% 的受访员工认为非常合理，这一比例比监督部门低了约 12 个百分点，比其他部门低了约 8 个百分点。

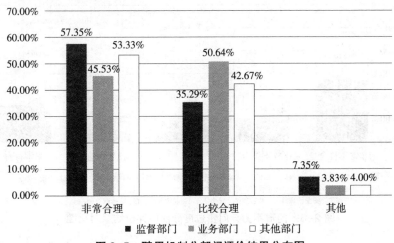

图 2-5 聘用机制分部门评价结果分布图

此外，值得注意的是，受访员工普遍认为需要更好的平衡强化监督与提升效益的关系，有超过一半（57.46%）的受访员工认为，单位内存在一定程度的过度监督问题，从而影响了经济效益、效率，仅有17.91%的受访者认为不存在过度监督问题。

在问责与追究方面，问卷从两个方面让受访员工评价了单位的问责与追究体制，一方面询问了问责的过程是否存在问责不力、问责不透明的情况，另一方面询问了是否存在问责过度的情况。值得注意的是，首先无论是问责不力或问责过度，受访员工的评价都非常分散，但更倾向于认为本单位在问责的过程中存在问责不力或问责过度情况，如图2-6所示，有约51.58%的受访员工认为本单位存在问责不力的情况，而认为不存在问责不力情况的员工占33.33%，显著低于认为存在问责不力问题受访员工所占的比例。问责过度的调查结果与问责不力非常类似，有约51.86%的受访员工认为在问责过程中存在问责过度问题，这一比例显著高于认为不存在问责过度的员工（33.33%），持不同观点的受访员工所占比例差值甚至超过8个百分点。其次对问责不力与问责过度的反应在不同部门之间的分布也存在较大差异，可能是更贴近于日常业务，相较于监督部门与其他部门，业务部门的受访者认为本单位更容易出现问责不力（37.30%）或问责过度（37.03%）的情况。

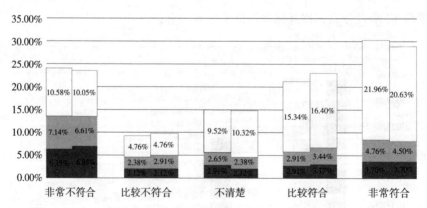

图2-6 问责不力与问责过度分部门评价结果对比图

　　在信息共享机制方面，总体而言，有超过九成的受访员工认为单位内信息共享机制是完备的，且不同部门间差异并不突出，不同类型员工对本系统信息共享机制完备程度的评价比较统一。

　　在巡视巡察与"三重一大"方面，系统内受访员工对本单位这部分工作的评价较高，绝大多数受访者认为本单位很好地完成了巡视巡察过程中发现问题的整改工作，"三重一大"事项落实程度完备，这一比例达到 97.35% 和 96.82%，没有一个受访者认为本单位在巡视巡察问题整改与"三重一大"事项落实方面存在问题。

　　（3）执法腐败与廉洁风险。由于行业的特殊性，烟草商业企业可能在许可证办理、行政处罚等方面存在潜在的违规问题。本次问卷调查发现，受访员工认为本单位不存在执法腐败问题，分别有 79.63% 和 87.04% 的受访员工回应本单位在许可证办理与行政处罚方面完全不存在执法腐败问题，仅有 9.79% 的受访员工表示曾经偶尔听说过在许可证方面存在违法违规现象，但近年已完全解决。

　　在可能存在的廉洁风险方面，针对招标（采购）、科技项目立结项等有较大款项往来的事项，本次问卷调查设置题项要求受访员工完成自评，其中有 85.98% 的受访员工表示完全没听说过招标（采购）过程中存在违法违规现象，仅有 7.14% 的受访员工表示偶尔曾听说过招标（采购）过程中可能存在违法违规现象，而认为本单位在科技项目立结项中完全没有违规情况的受访者更高达 90.21%。

　　此外，在卷烟销售过程中是否存在优亲厚友等微腐败问题，本次问卷调查也有所设计，几乎所有的受访员工认为本单位在卷烟销售过程中完全不存在优亲厚友，这一比例达到 91.27%。

　　在针对廉政风险关键人员的调查中，如图 2-7 所示，受访员工认为领导干部与执法人员是系统内部比较容易滋生腐败的人员，占比分别为 61.64% 与 52.91%，一线工作人员并不是烟草商业企业的廉政风险关键人员。相应地，受访员工认为可能会出现腐败现象的情形也多与领导干部与执法人员相关，有 53.97% 的员工认为收受贿赂是可能滋生腐败的最主要情形，其次为在生产、销售、验收、招标（采购）中串通，有 50.26% 的受访员工选择了这一选项，还有 42.06% 的受访者认为，接受回扣也是比较可能出现的腐败情形。

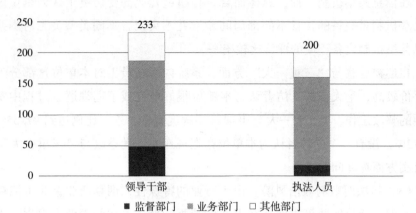

图 2-7　廉洁风险关键人员分部门评价结果对比

　　问卷进一步探讨可能产生腐败情形、滋生廉洁风险的原因，受访员工认为主要是因为监督机制的效果待提升（48.15%）、对违法违纪现象打击力度不够（40.48%）以及受上下级领导关系的影响（34.13%）。除此之外，还有27.51%的受访者认为一线工作人员廉洁意识待提升。针对可能的违法违纪现象，受访员工表现出非常积极的态度，分别有 69.58%、68.52% 和 57.14% 的受访员工表示自己会向有关领导反馈、向纪检监察部门举报或对违法违纪人员提醒、警示，只有不到 4% 的员工选择视而不见。另外在如何杜绝可能出现的腐败情形并控制廉洁风险方面，过半数的受访者表示需要进一步完善监督体系，59.26% 和 48.94% 的受访员工认为应该在本单位加强廉政制度建设与纪检监察工作力度来有效解决该问题。此外廉洁教育、财务审计、执法监督和举报、受理反馈机制均有超过 25% 的受访员工选择，进一步说明完善的监督体系需要各方面综合发力，系统内员工认为构建烟草商业企业"大监督"势在必行。

　　（4）系统内员工的看法与建议。通过问卷调查的结果可以看出，系统内员工对目前安康烟草的廉政监督工作整体评价较高，尤其是在党的组织建设与廉政文化建设、执法腐败与廉政风险方面，绝大多数受访员工非常肯定本单位的这部分工作。但值得注意的是，调查结果显示，在管理体制与监督体制维度，受访系统内员工认为在监督与效率的平衡、执法不力或执法过度方面可能存在需要关注的廉政风险点。

系统内员工认为"大监督"的构建势在必行，在他们心中，适应本单位的"大监督"体系应该是围绕着廉政制度建设与纪检监察工作来开展的，包括廉政教育、财务审计、执法监督和举报、受理反馈机制等协同发力的完善体系。

问卷的最后一部分还对员工对烟草商业企业构建内部工作协同机制与"大监督"体系的态度做了调查，也同样体现了这些问题，总结得出如下建议。

第一，在构建内部工作协同机制方面，受访员工认为，首先将党组织监督体系与企业监督体系深度融合，形成监督合力，尤其需要加强对一把手及领导班子的经营管理决策部署、落实情况的专项评估工作力度，强化部门协同机制；其次，在烟草商业企业内部建立各部门沟通协作平台，建立信息共享机制，保证信息流畅通，部门间沟通交流有效，实现部门工作协同高效率；再次，需要明晰各部门职责，设置监督相关岗位，最好能配备专职监督人员；最后，要完善监督机制，加强"三员"队伍建设，实施干部能上能下机制，实施 AB 角工作制度，实施多联动检查，全面开展风险点排查，重视微腐败问题，对系统内员工展开"八小时外监督"，针对可能存在的风险点拟定防治措施并有效落实。

第二，在对"大监督"体系的构建方面，受访员工认为，首先，应该建立健全"大监督"体制机制，在系统内员工眼中，"大监督"应具有很强的独立性，监督全覆盖且重点明确，监督措施可操作；其次，受访员工认为，"一把手"监督应该是"大监督"体系的重点，应该有针对性地开展巡视巡察，同时也需要建立相应的工作机制，杜绝微腐败，建立全员监督机制；再次，受访员工认为，应该构建畅通的举报投诉渠道，常设举报电话，经常性走访，重视基层人员的意见，这一点在烟叶种植户问卷中也有所体现；再其次，要降低信息不对称程度，廉政信息公开透明，选人用人公开公正，在硬件上提升信息化水平，依托大数据等技术，使"大监督"体系运转更加高效；最后，需要加强问责惩戒力度，对违规违纪问题零容忍，加强对全体员工的廉政教育、警示教育，强化守法学法的意识，做好廉政建设宣传工作，在整个烟草系统形成清风正气的氛围。

2. 卷烟零售户对构建"大监督"体系的看法。本次问卷调查还从行政许可、档位规则评价、卷烟配额、设备终端、服务指导、打击"假、私、非"卷烟以及行政处罚等方面了解了卷烟零售户视角下烟草商业企业廉政监督工作情况以及可能存在的风险点。

（1）卷烟零售户的基本评价。在行政许可方面，烟草商业企业主要涉及的业务内容是许可证办理，目前大多数卷烟零售户通过线下政务服务窗口办理许可证，使用线上办理卷烟销售许可证的卷烟零售户不占多数，其中有21.53%的受访卷烟销售商使用微信端办理，使用国家局客户端办理的受访对象占24.07%，在许可证是否在法定期限内办理方面，如图2-8所示，90%以上的受访零售商表示自己的卷烟销售许可证在法定期限内办理完成，其中非常认同的受访者占58.88%，且选择这一选项的受访者按照年收入分类与总体结构一致，一定程度上说明该结论具有一定的代表性。

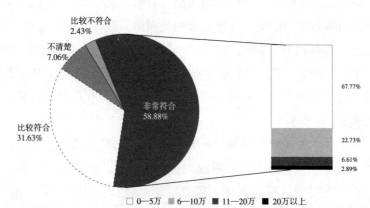

图2-8　不同年收入受访者对卷烟销售许可证办理期限的分类评价图

进一步，在针对是否在办理许可证时遭受人为阻碍或有工作人员收受好处的调查中，如图2-9，有约39.65%的受访商户表示没有听说过这一现象，仅有8.88%的受访商户确定自己曾听说或遭遇过类似情形，但值得关注的是有近半数（48.54%）的受访商户表示自己并不清楚是否存在这一现象。

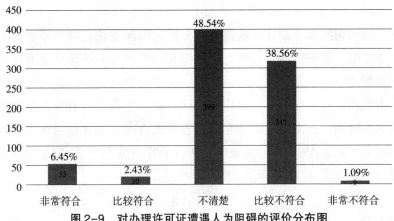

图2-9 对办理许可证遭遇人为阻碍的评价分布图

在对定档规则的评价中，近八成受访商户对目前的卷烟销售档位评定规则表示满意，其中有32.73%的受访商户表示非常满意，对卷烟销售档位评定规则表示不满意的受访商户占到16.90%，其余受访者表示对卷烟销售档位评定规则不清楚以至于无法评价。与办理许可证遭遇人为阻碍情形的评价类似，对于是否存在可能的人为调档情况，有29.68%的受访商户认为没有听说过人为调整档位的情况出现，但仍有近59.61%的受访商户选择了无法评价，态度并不清晰，具体情况如图2-10所示。

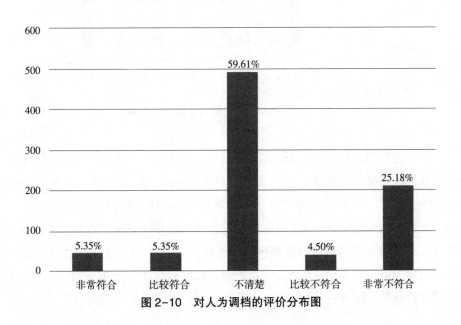

图2-10 对人为调档的评价分布图

在卷烟销售配额方面，本次调查主要通过询问受访商户对零售商能否通过非正常渠道拿到畅销烟、订货时是否被强制要求订购特定数量的特定品牌和卷烟搭售现象情况来评价。整体来看，受访商户认为目前这三种情况均不常见，但值得注意的是，有一定比例的受访商户选择了不清楚以至于无法给出评价这一选项，其中，不清楚卷烟零售商能否通过非正常渠道拿到畅销烟所占的比重达到了 55.35%，其余两项所占的比重分别为 27.74% 和 27.37%，具体分布情况如图 2-11 所示。

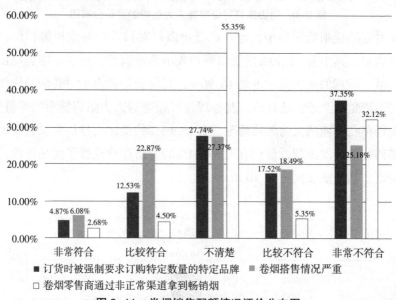

图 2-11　卷烟销售配额情况评价分布图

在设备终端支持方面，近八成（78.22%）受访商户表示对安康烟草提供的设备帮扶情况表示满意，还有 18.13% 的受访商户表示自己无法做出评价。类似的，有 69.1% 的受访商户提出，安康烟草提供的设备能够及时维护、检修、更换，但有 27.49% 的受访商户表示自己无法作出评价。在向商户了解是否存在提供设备支持时通过捆绑服务额外收费时，有 51.22% 的受访商户表示没有问题，但还有高达 42.58% 的受访商户并没有给出确定的评价，对额外收费的评价分布如图 2-12 所示。

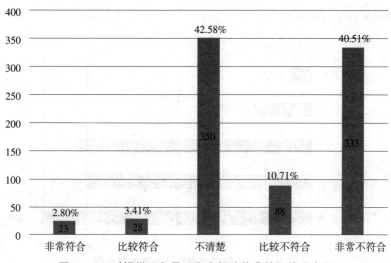

图 2-12　对提供设备是否存在额外收费的评价分布图

在销售服务方面，总体来说，无论是物流配送还是客户经理日常服务指导，卷烟零售户的满意程度均较高，有 66.91% 的受访商户提出物流公司在配送时并不存在额外收费现象，还有 66.67% 的受访商户反映客户经理在日常服务指导中不存在违法违规现象，但是与之前的调查结果类似，分别有 27.01% 和 26.52% 的受访商户认为自己针对这两点无法给出确定的评价。

在询问可能存在的假、私、非卷烟问题上，有 41.12% 的受访商户认为目前市场上假烟很少或几乎没有，但是有 51.46% 的受访商户认为自己不清楚情况从而无法评价。同时有 76.88% 的受访商户肯定了专卖稽查员打击"假、私、非"卷烟的力度。

在行政处罚方面，几乎所有的受访商户都表示自己从未因为销售违规而被处罚，这一比例高达 96.23%，在向受访商户了解处罚最常见的原因时，受访商户表示目前卷烟零售户受处罚的主要原因是串码串货、无证经营和销售假冒伪劣卷烟，具体情况如图 2-13 所示。进一步，受访商户认为烟草专卖局在执法处罚的过程中最可能存在的问题是执法人员处罚结果不及时告知、自由裁量权过大以及执法程序不规范，其所占比重分别为 26.64%、26.28% 和 19.59%，其中还有 36.86% 的受访者选择了其他选项，在后续的询问中这部分受访商户表示并没有发现烟草专卖局的工作人员在执法过程中存在问题。

具体情况如图 2-14 所示。

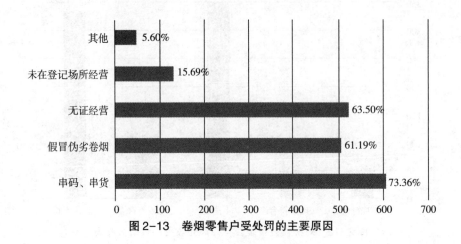

图 2-13 卷烟零售户受处罚的主要原因

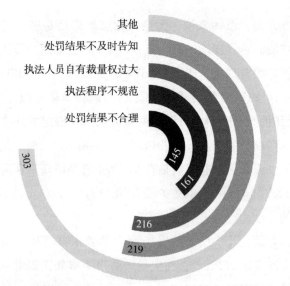

图 2-14 工作人员在执法处罚过程中可能出现的问题

　　针对可能出现的商户对行政处罚不服问题，受访商户选择最常用的解决方式为行政复议（35.04%）、拨打市民热线或举报电话（31.14%）和行政诉讼（22.99%），选择忍受和送礼走关系的受访商户仅占 17.03% 和 1.34%，还有 19.71% 的受访者选择了其他方式，在后续的询问中这部分受访商户表示，自己并不清楚应该如何处理类似问题。由以上调查结果可以初步得出，商户在一定程度上具有利用法律的武器维护自己合法权益的意识，当地烟草专卖局（公司）同时也构建了比较畅通的渠道来帮助烟草零售户维权，但还需要进一步的宣传普及相关信息。

（2）卷烟零售户的看法与建议。本次针对卷烟零售户的调查，询问了受访商户关于烟草零售企业行政许可、档位规则评价、销售配额、设备终端支持、服务指导以及打击"假、私、非"卷烟的评价，在分维度对可量化题项求平均值后形成图2-15。

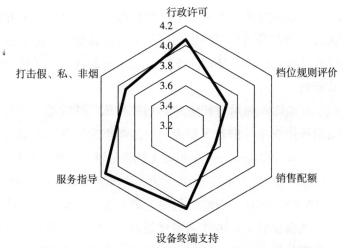

图2-15　卷烟零售户对烟草零售企业综合评价雷达图

通过对比可以看出，卷烟零售户对安康烟草整体评价较高，尤其是在服务指导、行政许可与设备终端支持方面均给予了较高的评价，但相对而言，在打击"假、私、非"烟、档位规则评价与销售配额维度方面还需要进一步完善。

值得注意的是，在"人为调整档位""卷烟零售商能通过非正常渠道拿到畅销烟""提供设备是否存在额外收费"等比较敏感的题项上，有超过或接近半数的受访商户选择了缺乏信息以至于无法判断，并没有给出确定的评价，可能的原因是受访商户对相关信息缺乏了解，或者所询问信息过于敏感导致受访商户态度不明确，无论基于何种原因，都应该进一步缓解烟草商业企业与卷烟零售商的信息不对称问题。

相比较而言，卷烟零售商更关注与自身利益密切相关的问题，如希望货源能够得到保证、获得更合理的卷烟档次搭配、能够获得更多的商业经营指导、降低烟草专卖许可证的续期与新办难度等。

3. 烟叶种植户对构建"大监督"体系的看法。

（1）烟叶种植户的基本评价。针对烟叶种植户的调查，主要从烟叶种植户的意愿、土地面积测量满意度、获取烟种的方式、设备物资与技术指导服务、IC 卡管理、烟叶收购、定价与款项以及矛盾纠纷的解决方式等维度，了解烟叶种植户对安康烟草廉政监督工作的看法和态度。

在种植烟叶的意愿方面，现从事烟叶种植的农户继续种植烟叶的意愿比较强烈，有超过80%的受访种植户愿意明年继续种植烟叶，不愿意继续从事烟叶种植的受访种植户仅占总体的1.59%，这从侧面说明，烟叶种植户对安康烟草的评价较高。

烟叶种植土地的面积测量直接关系到烟叶种植户的收益，由基层烟站操作，比较容易出现微腐败等廉政风险点。经过调查后发现，大多数受访农户采用了两种以上方式获得土地，其中租赁土地是最常见的烟叶种植土地来源，68.25%的农户都通过租赁土地来种植烟叶，其次为自有土地（46.03%）与流转土地（42.06%）。在针对土地面积测量满意度的评价上，总体上来说受访农户对种植土地面积的测量方式满意度较高，90%以上的受访种植户表示满意目前的土地测量方式。另外有88.09%的受访者表示在与烟站签订烟叶种植合同时并不存在"虚写亩数、金额"等问题。受访种植户与烟站之间就"种植土地面积的测量方式"以及"与烟站签订烟叶种植合同时土地的亩数与金额"均达成一致。

在设备物资与技术指导服务方面，安康烟草主要向烟农提供一次性种烟烤烟设备（比如烤房、库房等）补贴、统一配送种植用品（比如肥料、地膜等）扶持烟农种植烟叶并尽可能保证烟叶生产的标准化。根据调查数据我们发现，针对烟农的一次性种植烤烟设备（如烤房、库房等）补贴采用先建后补的方式完成，只有约4.77%的受访种植户表示，当地烟站采取了先补后建、边建边补的方式补贴，或从未收到补偿款。

此外，技术员还直接向烟农提供各项技术指导，这直接关系到烟农的烟叶质量和产量，为了防止技术员在技术指导过程中出现"微腐败"问题，因此本次调研还询问了烟叶种植户对烟站技术员所提供技术指导的评价。如图2-16 所示，受访烟农表示，技术指导中选地和轮作、烟田灌溉与排水技术指导服务水平有待提升，认为这两项技术指导问题较多的受访种植户占比达到了 42.06% 和 38.10%，其次有 30.16% 的受访种植户认为技术指导中病虫害防治技术指导的服务水平也应该进一步提升，其余选择烟叶分级指导、施肥技术指导以及烟叶烘烤技术指导的人数较接近，分别占比 12.70%、12.70% 与 11.90%。

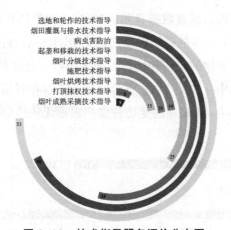

图2-16　技术指导服务评价分布图

对烟站的技术指导人员履职过程中可能存在的偏袒问题，受访烟叶种植户的评价如图 2-17 所示，有约 37.31% 的受访种植户不同意这一观点，而认为技术员在技术指导服务中存在不同程度的优亲厚友情况的受访种植户占比约为 30.95%，其余 31.75% 的受访种植户表态不明确，总体而言，受访种植户认为技术员在进行技术指导服务中并不存在明显的偏袒，但持不同态度的受访种植户较分散，因此技术指导人员在履职过程中的偏袒问题是设备物资与技术指导服务维度可能存在的风险点之一。

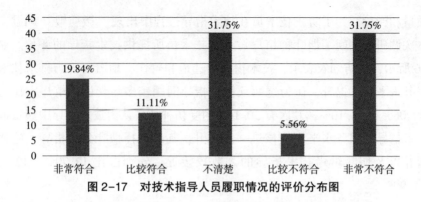

图2-17 对技术指导人员履职情况的评价分布图

在 IC 卡管理方面，调查数据显示，84.13%的受访种植户认为目前 IC 卡的管理非常规范，11.11%的受访种植户认为 IC 卡的管理比较规范，对安康烟草 IC 卡管理持肯定态度的受访种植户占绝大多数，已经超过了95%。但在针对冒用 IC 卡的询问中，如图 2-18 所示，认为不存在冒用 IC 卡情况的受访种植户仅为30.96%，有47.62%的受访种植户表示无法给出确定的判断。

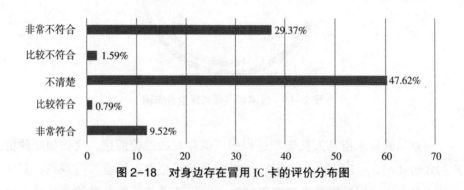

图2-18 对身边存在冒用 IC 卡的评价分布图

烟叶收购的公平公正直接影响烟叶种植户的利益，主要通过询问受访种植户对烟叶收购过程的整体评价、烟叶评级评价、处理不适宜收购的烟叶、异地收烟问题等方面来了解可能存在的廉政风险点。

整体而言，受访种植户对烟站的烟叶收购工作持非常积极的态度，有92.06%的受访种植户认为烟叶收购过程公平公正公开且合法合理，进一步按照不同收入群体分类后，发现烟叶种植户中高收入群体对烟站的烟叶收入工作更加认可，具体分布如图 2-19 所示。

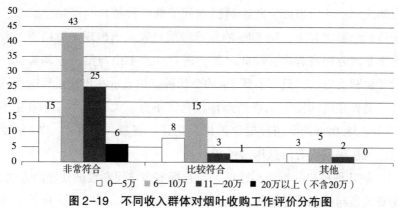

图2-19　不同收入群体对烟叶收购工作评价分布图

在烟叶收购时，定级定价主要依靠烟站技术员主观判断，在烟叶收购过程中的定级定价问题也与烟叶种植户息息相关。根据调查结果显示，受访种植户总体上不认为烟叶收购过程中存在压价抬价、压级抬级问题。如图2-20所示，过半数的受访种植户认可烟站的定级定价工作，但还有近30%的受访种植户认为存在压级压价、抬级抬价问题，另外18.25%的受访种植户没有给出明确的选择，因此定级定价工作中可能存在廉政风险点。此外，按照相关规定，对于不适宜收购的烟叶，烟草公司将给予意见，超过90%的受访种植户认可安康烟草在不适宜收购的烟叶上的指导意见。同样，对于按照规定及时、足额支付烟款问题，受访种植户也给予了安康烟草以很高的评价，全部的受访对象都表示自己售卖烟叶的烟款按照规定被及时、足额地发放，且92.06%的受访种植户表示烟叶收购定价、定级结果与自己的预期一致。

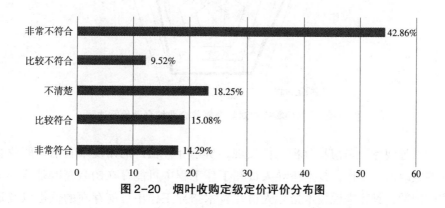

图2-20　烟叶收购定级定价评价分布图

在解决纠纷矛盾方面，此次调研询问了烟叶种植户与烟站、烟草公司常用的矛盾纠纷解决方法，76.98%的受访种植户表示当出现矛盾纠纷时首选的解决方案是双方协商解决，除此之外，通过仲裁小组与第三方调解也是比较常用的矛盾解决方式，只有不到5%的受访种植户表示在出现矛盾时会选择诉讼途径。另外在询问安康烟草是否存在有案不办、大事化小、小事化了对的情况时，有38.09%的受访种植户否认存在这一现象，但有41.27%的受访者表示自己无法根据现有信息作出判断。

（2）烟叶种植户的看法与建议。与卷烟零售户问卷数据处理的方法类似，按照物资设备与技术指导服务评价、IC卡管理评价、烟叶收购评价、定级定价评价与纠纷解决方式评价各维度，分类将可量化的题项求均值后得出卷烟零售户对安康烟草的综合评价，最终形成图2-21。

可以看出，总体来说烟叶种植户对当地烟草商业企业的评价较高，尤其是在纠纷解决方式方面，美中不足的是，对IC卡的管理评分略低，但依然高于平均值，从数据中寻找原因，主要是因为烟叶种植户对冒用IC卡情况等关键信息点不清楚，安康烟草应加强对IC卡的管理水平，杜绝可能出现的廉政风险点。

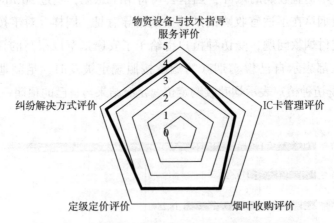

图2-21　卷烟零售户对烟草零售企业综合评价雷达图

通过问卷结果初步分析我们发现，从烟叶种植户的角度来看烟草商业企业的廉政监督工作，技术指导人员在工作工程中可能存在的微腐败是值得关注的问题，具体来说技术指导人员在技术指导工作中可能存在的偏袒以及定级定价的标准问题，是可能的风险点。

　　本次调查还询问了烟叶种植户心目中最需要烟草公司改进的服务，如图2-22 所示，保险补贴与救助、基础设施建设扶持、烟叶定价和评级需要持续改进的意见比较集中。这些需要改进的服务类型一方面与烟叶种植户的切身利益有关，烟叶种植户可能希望通过从如下渠道提高收入降低成本来获取更多的经济效益；另一方面，这也与我们在问卷调查中发现的潜在风险点存在一定的关系。

图 2-22　安康烟草提供的服务需要改进的方面

　　通过询问进一步证实了如上观点，烟叶种植户的核心需求在于在烟叶定价和评级方面提高烟叶收购价格，在保险补贴与救助方面尽量降低烟叶种植成本，减轻烟农因为不可抗力带来的损失，提高烟叶种植户收入。如有烟叶种植户提出："希望加大对烟农的扶持力度，尤其是零散烤房"；"加大农机扶持，减轻烟农的工作强度"；"加大基础设施投资，加大对土地流转扶持力度"；"降低烟用物资招标价格"达到增加烟农效益，稳定烟叶种植户队伍的目的。

　　还有烟叶种植户希望，当地烟草商业企业的管理者能够增加到基层沟通交流的频率，倾听烟叶种植户的声音，构建畅通的信息渠道与反馈机制，这一点与卷烟零售商的需求不谋而合。

　　此外，还有烟叶种植户表示，希望安康烟草在政策制定上，尤其是对一线技术员的工作效益与考核上不要一刀切，需要根据区域、海拔、土地等多种因素，制定灵活的绩效评价标准，否则会导致技术员在提供技术指导时固态僵化，导致技术指导人员与烟叶种植户无法形成协同发展，这不但不利于有关政策的推进，也容易产生新的廉政风险点。

▲ 第三章

烟草商业企业的廉洁风险点
排查及成因分析

烟草商业企业是集人财物、产供销、内外贸于一体，承担烟叶生产、卷烟批发和专卖执法等职能的一个相对封闭的组织系统。从廉政建设角度而言，由于其日常工作中，经常性地发生着大量的资金流转、行政许可和专卖执法等权力行使，使得一些关键环节和重要岗位存在利益输送、权力寻租的廉洁风险。通过全面系统地排查业务流程中的廉洁风险点及成因，有针对性地制定风险防范措施，既是增强党员干部风险意识和廉洁意识，坚持全面从严治党、一体推进"三不腐"的内在要求，也是永葆企业基业长青、推动企业高质量发展的必要保障。

一、党的建设领域

习近平总书记在十九届中央纪委六次全会上强调，总结运用党的百年奋斗历史经验，坚持党中央集中统一领导，坚持党要管党、全面从严治党，坚持以党的政治建设为统领，坚持严的主基调不动摇，坚持发扬钉钉子精神加强作风建设，坚持以零容忍态度惩治腐败，坚持纠正一切损害群众利益的腐败和不正之风，坚持抓住"关键少数"以上率下，坚持完善党和国家监督制度，以伟大自我革命引领伟大社会革命，坚持不懈把全面从严治党向纵深推进。这一重要讲话坚定了全党上下全面从严治党的政治自觉和历史主动。

全面从严治党要求党建的各项工作都要从严抓，要把抓好党建作为最大政绩。党建是党领导各项事业的根本保证，事关党的兴衰成败。国有企业是中国特色社会主义的重要经济基础和政治基础，是党执政兴国的重要支柱和依靠力量。坚持党的领导、加强党的建设，是国有企业的"根"和"魂"。因而，国有企业要牢固树立抓好党建是本职、不抓党建是失职、抓不好党建是渎职的意识，充分发挥全面从严治党的引领和保障作用，确保党的路线、方针、政策能在企业内部得到全面贯彻落实。结合安康烟草商业企业的党建工作实际，以及行业相关典型案例的经验教训，对党建领域廉洁风险点排查如下，其中涉及的重点岗位主要为企业的各级党组织和党建工作部门。

（一）政治思想建设

1. 政治建设。政治建设的重点是落实企业党组的主体责任。各级党组织作为管党治党的领导主体、工作主体和推进主体，强化其政治担当、履行其主体责任，直接关系到党的领导地位和党风廉政建设的成效。政治建设要求企业党组织增强"四个意识"、坚定"四个自信"、做到"两个维护"，把方向、管大局、保落实，确保党中央的决策部署和上级党组工作要求落地见效。应深刻汲取行业违纪违法典型案例中反映出在管党治党方面因"宽松软"造成的沉痛教训，时刻警惕主体责任落实不力，教育不经常、管理不严格、监督不到位就会导致组织涣散、纪律松弛，滋长腐败的发生。政治建设风险点主要表现为：

（1）少数基层单位领导班子履行管党治党政治责任不力，"一把手"等"关键少数"意识不强、压力传导不到位、工作机制不完善、敢管严管力度有待提升。

（2）部分基层党组织在开展政治教育和构建"大党建"格局方面存在力度不足，落实经常性宣传教育和意识形态责任制不到位，未能较好地将强化政治意识和加强党的建设融入工作的全过程和各方面。

（3）少数基层党组织落实"第一议题"和"一岗双责"制度有待加强，在推进基层党支部"双化"建设、党建联盟及"同心先锋"党群服务点建设中进度偏慢、参差不齐。

（4）监督检查工作的及时性、有效性欠缺，少数基层党组织对上级巡视巡察反馈意见整改落实及党中央和行业决策部署的落地见效情况存在跟进不及时、监督力度弱的问题。

2. 思想建设。思想建设是保持党的先进性、纯洁性，以及坚定党员干部理想信念的基础性工作，直接决定着党建工作的质量。思想建设做不好，放松对干部职工的政治理论教育和世界观改造，会导致其在权力观、政绩观、利益观上产生错误认知，进而造成行为失范和权力失控等腐败现象发生。思想建设方面的廉洁风险点主要表现为：

（1）思想教育抓得不紧不实，组织学习总书记重要讲话、重要指示批示及党中央最新文件精神不够全面及时。

（2）认识程度偏低，存在就党建抓党建、就效益抓效益的现象。

（3）部分党组织缺乏创新意识和融合思维，党员教育形式较为单一，以阅读文件、参观学习为主，"三会一课"等没有充分做到理论联系实际，组织生活吸引力较低。

（4）党支部微信群、社交媒体内容单一，面目僵硬，缺乏活力。

政治建设、思想建设工作存在廉洁风险点的主要原因是主观上重视不足，政治学习存在形式主义，重业务、轻党建现象在企业内部仍不同程度存在。近年来，安康烟草党组高度重视党建工作，开展了党建工作质量提升工程、党支部标准化规范化建设、模范机关创建等活动，各级党组织抓党建的力度不断提升、思想意识逐年增强。但个别基层单位在思想认识上仍存在差距，依然将业务发展作为最核心的任务。"火车跑得快，全靠车头带"，各级党组织和党员干部需明确认识到开展基层党建工作对生产经营的重要性，从思想上筑牢防腐拒变和抵御风险的堤坝。

（二）组织及队伍建设

习近平总书记指出，全面从严治党要在国有企业落实落地，必须从基本组织、基本队伍、基本制度严起。要把基层党组织建设成为宣传党的主张、贯彻党的决定、领导基层治理、团结动员群众、推动改革发展的坚强战斗堡垒，为做强做优做大国有企业提供坚强组织保证。干部队伍建设是组织建设中最重要的内容，也是廉洁风险发生的重点领域。

1. 干部队伍建设。习近平总书记对干部队伍建设非常重视，提出了好干部的五条标准，强调要把好干部及时发现出来、合理使用起来，坚决制止简单以票取人的做法，对干部的考察不仅看"显绩"还要看"潜绩"，包括重大关头的表现、年龄、党龄、履历及个人重大事项的申报。在干部选拔、任用和考核等环节，存在未严格落实上述标准及要求的廉洁风险。

干部队伍建设的廉洁风险点主要表现为：

①未按照规定程序要求进行民主推荐；

②隐瞒民主推荐的真实情况；

③对民主推荐过程未按规定进行监督；

④对民主推荐结果未按规定进行审核；

⑤泄露民主推荐情况；

⑥不坚持原则提出考察初步人选；

⑦考察时不按照工作方案确定民主测评、个别谈话对象；

⑧隐瞒考察的真实情况；

⑨对公示结果有异议、对反映的问题不认真查证，不如实向党组织汇报。

干部队伍建设存在廉洁风险点的主要原因是个别领导干部政治意识不强、法规意识不强，在干部选拔任用过程中没有严格执行相关规定与议事决策规则，考察不严不实，未能统筹考虑干部知识结构、专业背景和职业经历，以及对考察对象存在的问题未及时发现或提出。难点在于"一把手"搞"一言堂"，班子成员民主研究不充分，纪检监察进行有效监督存在不足，可能出现选人用人不公，导致"买官卖官""带病提拔""近亲繁殖"等违法违规问题。

2. 党支部设置。在组织建设方面，还存在党支部设置不规范的廉洁风险。

廉洁风险点主要表现为：

①人员配备不规范；

②在党员调动、调离时，未及时办理转接手续；

③无故未按期换届；

④换届、改选、补选工作未按程序要求进行；

⑤在党支部书记、副书记、委员出现空缺时未及时补充，以及党支部书记履行全面从严治党"第一责任人"职责不到位等。如 2018 年至 2019 年，安康市镇坪县烟草专卖局党支部曾进行了两次选举，但由于原党支部书记对政策、规定理解把握不到位，误认为接任党支部书记职务就算换届，导致未在规定时间内进行换届选举，暴露出落实党建组织工作不到位的问题。

党支部设置存在廉洁风险点的主要原因，在于部分基层党务工作者业务能力不足，学习党章党规流于形式，党建业务知识培训针对性不强。《基层党支部标准化规范化建设实施方案》及问责管理办法已经作出了详细规定，市局（公司）在党建考核中也会对各党支部换届流程、会议记录等相关资料进行详细检查，但是仍有部分党务工作者出于平时理论学习不够认真，或者业务培训的针对性、实效性不强等原因，造成业务能力不足，理论联系实际不够，难以胜任工作要求，甚至造成工作事故。此外，还有个别党务工作者工作作风不够扎实，缺乏主动性、积极性和创造性，工作中存在走形式、轻追责等问题。

3. 党员教育管理。党员教育管理是一项经常性工作，需要常抓不懈、久久为功。只有把党员队伍建设抓到位，才能以党员队伍教育管理的实际成效为党的事业发展提供坚强的组织保障。进行党员教育管理过程中，在发展党员、教育培训、监督管理和党费管理等环节，均存在廉洁风险点。

廉洁风险点主要表现为：

①党员发展工作未按程序规定进行；

②未严格执行党员积分管理考核制度；

③党费使用不符合有关规定；

④党费使用监管不力，乱用或挪用党费谋取利益；

⑤党费收缴标准不符合有关规定；

⑥未按时、足额上缴党费。

党员队伍建设质量决定着党的前途和命运，需要采取有效措施，切实提高党员教育培训和管理质量，以党员队伍建设的高质量永葆党的先进性和纯洁性。上述问题的出现，主要由于部分基层党组织主体意识不强，一些党员干部工作作风不够扎实，规则意识、纪法意识淡薄，不按规定事项和程序执行，不及时公开相关信息。

（三）制度和作风建设

1. 制度建设。做好国有企业党建工作，要预防各项制度制定水平不高和执行不规范的风险。针对国有企业生产经营任务重、党员分散以及党员文化层次差距大等问题，企业基层党组织更要严格完善和落实组织生活制度，结合企业实际细化党建工作中的"规定动作"，把党的领导融入公司治理各环节，把企业党组织内嵌到公司治理结构之中，做到组织健全、制度严密、落实规范。制度建设和实施中，在组织生活会、"三会一课"、谈心谈话、民主评议和党建联系点等方面，均存在廉洁风险。廉洁风险点主要表现为：

（1）基层党组织议事规则实施不规范，民主集中制落实不到位，未按要求执行重大事项请示报告制度，未按规定召开组织生活会，会议流程不规范，会后未列出问题清单并制定整改措施,未明确整改时限和逐项整改落实。

(2)"三会一课"召开不及时,研究内容不规范,或以学习代替开会,或未按时讲授党课。

(3)党支部书记没有带头落实谈心谈话制度,班子成员之间以及班子成员与党员之间未按要求进行谈心谈话,未记录谈心谈话内容等。

(4)未按程序对党员进行民主评议,未组织党员对照要求进行党性分析。

(5)领导班子未以普通党员身份参与所在支部的组织生活,或未在联系点调研并讲授党课等。

(6)支委会上支部书记未按照民主集中制原则执行末位表态制。

(7)党务公开不规范。

上述廉洁风险的发生,主要是部分基层党支部对制度的理解不深不透,在执行过程中有打折扣的现象。一些基层单位强调业务工作多,安排党建工作少,导致基层党建工作"说起来重要,做起来次要,忙起来不要"。此外,还有少数基层单位存在以"硬件建设"代替制度建设,以"制度上墙"体现工作成效的情况。考核的"指挥棒"作用发挥不足,影响了基层党组织组织力的发挥。

2. 作风建设。习近平总书记强调,党的作风就是党的形象,关系人心向背,关系党的生死存亡。作风问题是腐败的温床。在党的作风建设领域存在的廉洁风险点主要表现为:

(1)官僚主义、形式主义在一些领域还不同程度存在,抱残守缺、小进即满以及爱面子、讲排场等陈规陋习尚未根除。

(2)少数工作人员规矩意识不强,落实中央八项规定和防止"四风"反弹及隐形变异存在麻痹大意现象。

(3)官僚主义、享乐主义、奢靡之风屡禁不绝,对贯彻落实党中央决策部署和行业工作要求做选择、搞变通、打折扣。

(4)收送电子红包、礼品礼金,滥发津贴补贴、私车公养,以及在压缩会议、精简文件、整合检查考核工作等方面问题依然存在。

作风问题的主要成因,一是为人民服务的宗旨意识淡薄,对待工作应付了事,缺乏上进心,工作上马虎应付,缺乏责任担当;二是观念错位,以领导和管理者自居,"官不大僚不小",不能站在群众的立场和角度看待问题,对待下级或者烟农、卷烟零售户时存在"门难进、脸难看、事难办"的问题；三是队伍素质参差不齐，教育效果不够理想，一些人受社会不良价值观念影响较深，对于自身修养和党性锻炼不够，在人生观、价值观和权力观上出现认识偏差。

（四）以党建引领高质量发展方面

在党建融入中心工作、引领高质量发展方面，存在党建工作与生产经营未能深度融合及考核不公正的风险。

廉洁风险点主要表现为：

1. 部分党组织未能将党建工作与企业的功能定位和创新发展融合统一，党组织的战斗堡垒作用、党员的先锋模范作用没有充分融入高质量发展工作中，党建引领高质量发展的融合度还需提高。

2. 少数党组织在评优评先工作中优亲厚友，评选结果不客观、不公正。

上述廉洁风险的发生，在于一些基层党组织围绕中心抓党建的重视程度不够，甚至主观上将党风廉政建设与生产经营相对立，找不准党建与中心工作结合的有效载体，对党员和群众的凝聚力不强，党员干部的示范带头作用没有充分显现。少数基层单位党建工作在机构设置和人员配备方面仍需进一步提升。此外，一些基层单位对党务工作责、权、利之间的关系认识仍不够清晰，考核的内容和方式不够完善，或者为谋取个人利益，导致部分党员干部重业务、轻党建，放松了党性修养，放松了自我要求和约束，难以推动各领域形成追赶超越、争先进位的高质量发展力量。

二、干部管理领域

习近平总书记在党的十九大报告中指出，党的干部是党和国家事业的中坚力量，坚定不移全面从严治党，不断提高党的执政能力和领导水平，其中一项非常重要的任务就是要建设高素质专业化的干部队伍。烟草行业实行"统一领导、垂直管理、专卖专营"的管理体制，既履行着政府部门的行政职责，又履行着企业责任。

干部管理的能力在企业管理中占据着重要地位，关系到企业发展的成败。烟草企业建设清正廉洁的干部队伍对贯彻党的十九大精神、实现全面从严治党、促进企业健康发展有着举足轻重的作用。吏治腐败是最大的腐败，用人腐败必然导致用权腐败。为了建设高素质专业化的烟草干部队伍，应当进一步规范选人用人工作，特别是关键岗位的人才任用工作。人事管理领域中的动议环节、民主推荐环节、考察环节、讨论决定环节以及档案管理环节等都是廉洁风险多发的环节，有些地方出现了"带病提拔"、用人唯亲、超职数配备干部、买官卖官、选人用人程序不规范、人事档案弄虚作假等廉洁问题。公司应当依据党规国法制定或完善相应的制度，从而在源头、过程中预防用人腐败。同时，由于"一把手"在干部选任的五个环节中都具备较大的影响力，因此应当贯彻落实民主集中制原则，预防权力集中、杜绝"一言堂"。

（一）分析研判和动议

在《干部选任条例》中，"动议"环节为干部选拔任用的第一环节，是对领导职位调整和人事安排意向的预估，直接关系到选拔任用干部的走向。如果没有按照制度进行，擅自省略程序，临时动议或突击提干，未按规定审批就会导致廉洁问题。存在的廉洁风险点集中体现为"违反组织人事纪律"。

廉洁风险点主要表现为：

1. 超职数、超机构规格动议配备干部，擅自提高干部职级待遇；

2. 在已有超配干部未消化前继续配备同一职务层次干部；

3. 意向人选在试用期内或者诫勉、处分期未满；

4. 临时动议干部、突击调整干部；

5. 随意上报领导班子调整补充计划；

6. 材料不真实、不完整。

（二）民主推荐

为了防止"一把手"将领导的个人意愿强加于干部群众，防止班子中"一言堂"情形的出现，民主推荐环节是选人用人的必经程序。而选人用人是从多数人中选人，由多数人做决定。这就要求参与民主推荐的组织人员都是公正负责的。否则，该环节就会出现企业领导、人事科科长、纪检监察科科长暗箱操作的廉洁风险。

廉洁风险点主要表现为：

1. 未经民主推荐直接确定考察对象；专题调研人选不经推荐直接考察问题；使用过期的民主推荐结果；以民主测评代替民主推荐。

2. 民主推荐环节增加限制性排他条件。

3. 擅自放宽基本资格条件。

4. 随意缩小或扩大参加民主推荐人员范围。

5. 更改、伪造或不如实报告民主推荐、民主测评结果和人事档案。

"暗箱操作"使得民主推荐环节丧失了"民主性"，严重扰乱选任程序的公平性和公正性，使得一些踏实干事的优秀人才无法得到任用，打击群众参与的积极性，进而影响公司的健康发展。

（三）组织考察

领导班子的工作作风直接影响着一个地区和单位的选人用人导向和标准，更影响着一个地区和单位的政治生态环境。考察环节需要客观公正地反映考察对象的德、能、勤、绩、廉等综合素质，是选人用人的核心程序。考察事项、任用条件等根据选拔岗位的不同而有所不同，无法具体规定。同时，考察环节还涉及对于考察对象的谈话调研、对考察对象相关材料的审查等复杂、繁多的程序，都留下了人为操作的空间，极易被有关人员"钻空子"，从而引起廉洁风险。涉及的廉洁风险主要是干部考核组负责人、人事科科长、纪检监察科科长"为谋取私利而滥用职权"。

《干部任用条例》中明确规定，听取考察对象所在单位纪检监察机关意见，是确认拟任人选考察的必经程序。故而也要预防该程序可能发生的廉洁风险，比如，纪检监察科科长基于特定目的而提出对考察对象有利或者不利的意见。"滥用职权、谋取私利"在具体实践中主要表现为：

1. 考察组未填写干部任前档案审核表或填写不规范。

2. 考察组对线索具体的信访举报没有核查，或核查了但核查过程和结论无法让人信服。

3. 考察材料过于简单或者内容不规范，用考察报告代替考察材料。

4. 考察组未按照规定程序对考察对象进行考察，例如，违规简化考察程序，不进行征求意见和民主测评程序，把谈话推荐与考察谈话合并进行或以谈话推荐代替干部考察，甚至"走走过场"将考察程序形式化。

5. 考察组对考察对象进行个别谈话和民主测评时，与会人员范围、人数不合要求。

6. 考察组任免表填写的格式、内容不规范。

如果考察判断流于形式、选人用人不公、"带病提拔"或者根据领导的好恶提拔成为常态，那么就会助长人才的"逆淘汰"，出现"说你行你就行，说不行就不行"的现象，使得该单位的政治生态遭受严重破坏。

（四）讨论决定

讨论决定是党组成员经过集体讨论，按照民主集中制的组织原则决定是否任用考察对象的过程，是干部选拔决策程序的关键所在。最后的判断权在领导班子手里，具有较大的自由裁量空间，极易引起廉洁风险。该环节的廉洁风险点可以概述为党组"用人失察、任人唯亲，权钱交易"。廉洁风险点主要表现为：

1. 不符合党组会要求的 2/3 人员参会规定。

2. 党组成员未进行充分酝酿、未对拟任人选达成共识。

3. 纪检监察部门意见未回复就提交党组会议研究。

4. 任免决定未经党组集体讨论或党组未按照规定程序进行讨论。

5. 党组织将具有不得提交会议讨论的八种情形提交会议讨论。

6. 应回避的未回避。

如果没有充分落实民主集中制，对"一把手"权力进行有效制约，就会导致权力过度集中，少数人的意志上升为集体决定，出现廉洁风险。

（五）公示任职

公示任职是干部选拔任用中的必经程序，任职前需要向地方组织部门发函征求意见，同时应该对拟任职人员进行公示，公示时间应严格按照相关规定执行。任职前需要进行任前谈话和廉政谈话，是局（公司）党组对干部任职前进行警示和提出要求的必要程序。

廉洁风险点主要表现为：

1. 破格（含越级）提拔干部未履行报批程序。

2. 任职公示不符合要求。

3. 未开展任职谈话或者任职谈话不规范。

4. 公示时间未满规定的工作日。

如果没有进行任前公示、征求意见等程序，会导致干部任免的监督和制约程序出现漏洞，干部选拔任用没有全过程受到群众监督。没有开展任前谈话和廉政谈话，会导致新提拔任用的干部未接受组织的洗礼，可能使得其在新的岗位中发生廉洁风险。

（六）干部档案管理

干部档案中的"三龄两历"、个人有关事项报告等是检验干部是否诚信可靠的重要资料，在干部选任过程中发挥着关键性作用。目前，干部选拔任用中往往存在年龄工龄党龄造假、学历造假、履历造假、实绩造假等档案问题，这表明档案管理工作也会引发廉洁风险。存在的廉洁风险点可以概括为人事科科长、人事科档案管理员"不负责任、有章不循、监管缺失"。

廉洁风险点主要表现为：

1. 利用职务便利帮助篡改、伪造干部人事档案，使其符合或不符合干部选拔标准。

2. 故意转递、接收、归档涉嫌造假或者来历不明的干部人事档案材料。

3. 违规违纪抽取、撤换、添加干部人事档案材料以影响干部选任的结果。

4. 关键岗位违规违纪转递、接收、查（借）阅干部人事档案。

如果根据造假的档案去提拔选任干部，无法保证选任的干部具备合格的政治素质和专业素质，会严重阻碍烟草行业清正廉洁干部队伍的建设进程。

第一，企业在干部选拔任用中的动议、民主推荐、组织考察、讨论决定、公示任职程序以及干部档案管理工作的规章制度不够严密、相关规定不够详细以至于这些环节中存在较大自由裁量空间。特别是由于每个岗位的选人用人条件不同，不能进行统一性的、绝对性的规定，这些环节就不可避免地存在一些操作空间。该领域廉洁风险多发的深层次原因是关键岗位利益驱动，视制度为儿戏，缺乏廉政意识，有权不用过期作废，丧失理想信念，为谋取私利而滥用公权。同时，企业内部缺乏完备的监督管理机制，无法有效防控关键岗位的违法违纪行为。

第二，一把手在选人用人程序中具有决定性的权力，有章不循，制度停留在纸面上。作为党政领导集体的"班长"、关键少数中的关键少数，一把手的党性修养、思想觉悟、纪法意识，对一地一部门的政治生态和干部队伍的作风起着重要的示范引领作用。一把手率先垂范、以身作则，就能带动领导班子形成良好风气；一把手带头违纪违法，就容易带坏班子、败坏风气，甚至造成区域性、系统性、塌方式腐败。比如，太重集团的部分领导人背离初心使命，政治底线失守，背弃国有资产保值增值的职责，利用职务便利大搞权钱交易，使得太重集团的政治生态以及管理环境遭受严重破坏，国有财产遭受严重损害，导致了太重集团陷入破产危机。可以说，抓好一把手这个"关键少数"对管住"绝大多数"起到关键作用。从实践情况看，对一把手的"监督难"仍未完全破解，上级监督远、同级监督难、下级监督虚的问题尚未解决，不愿、不敢、不能监督等现象不同程度存在。有的领导独断专行，搞"家长制"，找存在感，觉得有人监督不自在、干事不方便，千方百计抵制监督，架空民主集中制。

三、议事决策

围绕中心议大事，科学决策促发展。局（公司）党组会议、局长（经理）办公会议研究决定本单位工作中的重要事项，应当遵循科学、民主、规范决策的原则。严格按照议事原则和规则，尤其在"重大事项决策、重要干部任免、重要项目安排和大额资金使用"（简称"三重一大"）上，充分发扬民主精神，广泛进行科学论证，经过领导班子集体讨论后做出决策。议事决策领域主要在议题确定、议事程序和决策执行环节存在廉洁风险。

（一）议题确定

按照国务院的《重大行政决策程序条例》要求，议事决策通过个别酝酿、专家论证、合法性审查、征求意见、集体讨论的程序作出，做到决策科学化、合法化、民主化。拟提交会议研究的议题，应事前进行深入调查研究，经初步酝酿后，再交由会议讨论决策。参会人员在会前应根据会议研究议题，认真做好准备，重要事项在会前要充分沟通，交换意见，也可事先咨询相关专家意见及征求公众建议，进行可行性论证。议题确定环节易于发生廉洁风险点的重点岗位包括办公室、纪检监察、人事、工会等部门，廉洁风险点主要表现为：

1. 提出议题时有章不循，议题准备不充分。

（1）议题所依据的事实不真实。

（2）议题所依据的数据不准确。

（3）未对议题进行必要性和可行性论证。

对重大问题的讨论，上会材料必须规范化，包括议题本身和科学论证材料。议题指计划、制度、政策、规章、提议、申请、指示等提请会议研究的目标文件；科学论证材料指专门的机构或人员通过调查、评估、分析等过程形成的说明书、风险评估、稳定性评估、专家意见等材料。准确翔实的议题材料是进行充分讨论和科学决策的前提，上会材料不完整或对重大问题没有论证材料，均属于工作不到位、不作为或作为不当，都会导致廉洁风险的发生。

2. 征求意见不充分。

（1）对于专业性、技术性的事项未进行专家论证、技术咨询、法律咨询、风险评估。

（2）投资事项未进行项目必要性、可行性、专业性、科学性调研审查论证。

（3）涉及职工切身利益的议题未通过职代会审议或听取职工的意见建议。

（4）纪检监察部门、工会等部门不正确履行职责，对议题没有提出负责任的意见等。

（二）议事程序

议事有规则，决策才科学。行政决策实行首长负责制，负责人应当鼓励参会人员围绕议题展开积极讨论，提出明确的建议、意见，负责人应充分听取参会人员各方面意见，形成综合性意见。努力做到决策质量与决策效率相统一，防止议而不决、久拖不决。但是，如果参会人员意见分歧过大，难以形成相对统一的意见，负责人不应立即作出决定，而应在会后进一步调查研究，待机会成熟时重新讨论决定。议事程序环节的廉洁风险点主要为议题讨论违反议事规则和出现"一言堂"现象。

廉洁风险点具体表现为：

1. 违反议事规则。

①以局长（经理）办公会议代替党组会议；

②参会人员未达到规定人数；

③研究程序不规范，负责人首先发言定调；

④未执行回避制度；

⑤与会人员未充分讨论并分别发表意见；

⑥会议决议未认真考虑不同意见做出决定；

⑦参会人员在会后私自传播会议讨论情况；

⑧效率低下，久拖不决。

2. 出现"一言堂"。"一言堂"是指主要领导有排斥心理或先行发表倾向性意见，导致其他人员屈从于主要领导，不能或不愿意发表意见，使集体决策流于形式。按照议事规则，在讨论重大问题时，参会成员都应当充分发表意见，才能形成正确的决议。但在实际工作中，有些参会人员顾虑重重，怕负责任，不敢或不想发表自己的独立见解，而是等"一把手"表态后随声附和。其原因主要是民主决策、规范决策的观念比较淡薄，对执行议事规则的重要性认识不到位，有的领导干部仍习惯于个人或少数人说了算的决策方式，使会议决策丧失充分讨论的基础。

（三）决策的执行

对于经过议事程序做出的会议决策，在执行环节也存在廉洁风险点，主要包括会议记录、决策执行和监督检查三个方面。

1. 议事记录。按议事规则要求，凡研究重大问题的会议须形成会议纪要，纪要须记录每个议题的讨论、表决情况及最后决定，说明形成决定的依据和理由，明确落实决定的责任及实施监督的办法。但是在具体执行过程中存在以下廉洁风险点：

（1）只满足于记录本上有记载，而对重大问题的讨论过程没有及时形成会议纪要。

（2）会议记录内容不完整、不规范，不能真实反映参与决策者表态性发言或不能体现追溯性，甚至出现错别字。

（3）会议记录未经参会成员复核并签字确认。

（4）会议记录未按规定专柜存档保管备查。

（5）会议记录未经批准而随意借阅，以及一些重要会议的会议纪要超越范围下发等问题。

这些问题的发生，一方面是由于制度制订和严格执行还不够规范，需要在实践中不断健全和完善；另一方面是由于记录人员能力不足，缺乏指导培训，督促检查不及时，未将落实情况及时汇报。

2. 决策执行。会议形成决议后，应由具体承办单位和部门负责具体贯彻实施。在决策执行中主要存在以下廉洁风险点：

（1）对会议形成的决议，领导班子成员个人、具体承办单位和部门未经批准而擅自改变。

（2）对于不同意见虽允许保留或提出复议以及按程序向上级组织反映，但在没有重新改变决策前，未按原决定继续执行。

（3）未对会议决策执行情况进行跟踪、评估与反馈，也未对全面实施后未达到预定目标的决策及时分析原因，总结经验教训。

（4）在决策实施中发现与党和国家方针政策、法律法规以及行业有关规定不符或脱离实际情况的，实施部门未及时提出意见，领导班子未及时进行纠正或未召开会议重新决策。

3. 监督检查。在监督检查方面存在的廉洁风险点主要表现为：

（1）决策执行的督办责任部门未履行督办职责。

（2）督办责任部门对督办中发现的重大问题未及时进行报告。

（3）纪检监察机构及其他相关监督管理部门未对决策是否符合程序、是否依法依规进行监督等问题。

议事决策机制是企业领导班子的最高行为准则，体现决策者的集体智慧，旨在保证决策过程的科学与合法。议事决策机制也是规范权力运行的重点环节，议事决策机制落实不规范、不到位，相当于给腐败留出了一条缝隙。议事决策领域发生廉洁风险的主要原因：一是议事决策机制不够规范，一些具体规则存在欠缺，一些事项权限还需要进一步明晰；二是议事决策机制落实不够到位，有令不行、有禁不止，具体执行过程中打折扣；三是议事决策制度执行过程中偏离目标功能定位。议事决策机制出问题，主要在于决策者严格执行制度的意识不强，往往打着特事特办的旗帜，实现私人目的。领导班子是否尊重决策制度，直接影响企业的发展，甚至可能给企业带来灾难性的后果。有些领导干部无视制度刚性，为了"促进工作效率"，要么忽略制度，要么绕过制度，甚至违反制度做决策，导致重大投资打水漂。纪检监察部门应深刻汲取"一把手"监督缺失的教训，切实加强对权力运行过程的监督，切不可以借口"交了学费"而不追究责任，或者将鞭子高高举起，轻轻打下。不断强化对重大事项决策的事前约束、事中监督和事后考核问责，不断健全重大决策部署督察问责机制，把"三重一大"决策制度执行情况、领导班子会议决策情况作为巡察、审计和专项检查的重要内容，严格标准、细化流程、加强监督，从方方面面立规矩、划红线、严管权。做到管理者决策，决策者负责；有权必有责，用权要监督。

四、采购招标领域

采购招标属于资金密集、权力集中、资源富集的重点领域，且与外部企业和市场关联度大，诱导因素较多，因此廉洁风险很高，属于腐败高发区。虽然近年来烟草行业狠抓重大工程项目、重要物资采购方面廉洁风险防控，也取得了较大成效，但是廉洁风险依然存在，违法违纪案件易发多发的态势并没有得到根本性遏制。通过剖析近十年的行业典型案例可以发现，招标采购领域的腐败行为主要表现为领导干部利用职权或职务违规干预插手采购活动、索贿受贿；在采购活动中规避招标、虚假招标；操纵、指定评标中标结果；支持、纵容、默许身边工作人员、亲属、特定关系人在采购活动中谋取利益。一些内部人员和供应商内外勾结非法牟利，有的违规插手干预招投标过程和结果，通过串通投标、以内部邀请或询价的方式替代公开招标，在编制招标文件时人为设置限制条款等多种方式"明招暗定"；有的利用手中的审批权、决策权对特定供应商予以照顾，使招投标、询比价制度流程形同虚设。

安康市烟草系统在招标采购方面采取了一系列更为细化的积极举措，不断健全内控机制，紧盯资金和权力运行过程。在行业规定总金额 100 万元人民币以上的项目须公开招标的基础上，安康烟草根据当地经济社会发展状况，将其调整为工程建设、服务类项目和烟用、非烟用物资采购金额在 50 万元人民币以上就必须公开招标。此外，通过建立招标库、竞争性谈判等措施，使"应招尽招"率长期保持在 98%以上。在日常小额支出方面，安康烟草将其类型细分为 49 小项，并通过"京东"等网上平台进行采购，以此确保价格公开、过程透明。虽然在不断地完善制度、强化监督，但是在对全市烟草系统干部职工所作的调查问卷中显示，该领域仍存在较大的廉洁风险。如针对是否在工作中听说过招标采购过程中存在违法违规现象，在 402 份有效的问卷中，有 15.43%的职工表示听说过，其中 6.72%的职工表示经常听说；针对在科技项目立项、结项中是否存在违规情况，有 11.44%的职工表示有所耳闻，其中 6.47%的职工表示经常听说。此外，在对全市烟草系统内腐败现象的主要表现形式选择中，55.72%的人认为是收受贿赂，44.28%的人认为是接受回扣；对于腐败发生的重点领域，49%的干部职工认为主要存在于生产、销售及招标、采购、验收环节。由此可见，采购招标领域廉洁风险防控仍然任重道远，完善重大事项决策、财务监督、招标采购管理还需进一步加强。在采购招标领域存在的廉洁风险点中，涉及的重点岗位主要是企业领导班子、企业管理科、后勤服务中心、法规科、烟叶分公司等，涉及的重点环节包括采购项目计划决策、采购实施过程、操作运行规范、供应商管理、合同签订履约、项目验收。

（一）项目决策

《陕西省烟草公司安康市公司"三项工作"管理委员会工作规则》是全市系统投资、招标、采购管理必须遵循的议事规则和行为准则。《安康市烟草专卖局（公司）"应招尽招"实施细则》是采购计划编制、审核准则，在采购计划经管委会批准后下发执行。在采购计划审批过程中容易发生廉洁风险。主要表现为：

1. 采购计划未经过"三关三审"的审核程序，违反"应招尽招"原则。

2. 不正确履行"三项工作"管委会决策规则和程序，或决策失误，造成采购项目出现重大损失或不良影响。

3. 达到投资项目标准的，未上报投资计划，或将项目采取化整为零的办法，规避项目审批权限。

4. 未经过集体审议决定，搞"一言堂"。

5. 采购计划中采购方式未按照行业制度规定确定，应当公开招标的采购项目化整为零或以其他任何方式规避公开招标。

6. 未按照"三项工作"管委会的决策下发采购计划。

（二）项目实施

《安康市烟草专卖局（公司）"真招实招"实施细则》是规范全市系统招标采购活动的规范性文件。在采购环节，尤其是公开招标过程中存在徇私舞弊、违反规定的廉洁风险。

廉洁风险点主要表现为：

1. 未按照批复的采购计划、项目预算、采购方式实施。

2. 采购招标违反"真招实招"规定。

3. 未经原审定机构审议，自行变更采购项目方式、金额、内容等。

4. 对采购工作负有领导职责的领导干部在履职过程中，超出权限范围违反规定干预和插手采购活动的决策、实施、管理、监督等。

5. 招标、投标（竞选）、开标、评标（评选）、中标（中选）等采购活动中设置不合理条件、条款等，为特定供应商提供方便或限制、排斥某些供应商。

6. 操纵、指定评标（评选）结果、中标（中选）结果等。

7. 在采购活动中为特定供应商请托说情。

8. 招标公告发布不规范，未在规定范围或依法指定的媒介上发布，导致投标竞争不充分。

9. 采购实施部门未将招标公告及时同步向本单位职工公开，使群众难以进行监督。

10. 招标人员接受商业贿赂，与投标单位相互串通，利用职权故意泄露投标相关信息或暗示投标单位，出现招标人与投标人、投标人相互之间串标现象等廉洁风险点。

（三）网络采购

采购管理信息系统是省公司开发建设的全省系统应用的采购项目"规范实施运行、数据实时记录、流程节点监督、结果公示公开"的业务操作平台。《中国烟草总公司陕西省公司采购管理信息系统运行操作规范》是全省采购系统操作的准则，法规科承担对采购管理信息系统监督管理职能。在监管过程中容易发生廉洁风险，廉洁风险点主要表现为：

1. 未按要求规范操作、上传相关文件。

2. 在系统上传虚假文件。

3. 上一个环节未完成，便进入下一个环节。

4. 监督部门没有正确履行监督责任。

（四）供应商管理

《陕西省烟草公司安康市公司供应商黑名单管理办法》是规范对供应商不良行为的惩戒标准和工作程序。在管理过程中容易发生廉洁风险，具体表现如下：

1. 供应商管理过程中设置不合理条件、条款等，为特定供应商提供方便或限制、排斥某些供应商；对供应商实行差别待遇或者歧视待遇。

2. 应纳入供应商黑名单的没有纳入黑名单管理。

3. 对供应商的不良行为未进行惩戒。

（五）合同签订履约

合同的标的、价款、质量、履行期限、优惠承诺等主要条款，应当与招标文件以及中标人的投标文件一致，并应在合同中约定"转包分包"相关违约责任，重大项目应在合同中约定履约保证金。由采购办、法规、财务、审计等部门依据行业有关合同管理规定进行合同审核，确保合同内容合法合规并符合招标文件及中标人的投标文件要求。在实际履约过程中可能存在以下廉洁风险点：

1. 合同签订前未经监督部门审核。

2. 未按照招标文件约定内容起草合同。

3. 履约过程中发现有转包、违约分包行为。

4. 合同签订、合同履行过程中设置不合理条件、条款等，为特定供应商提供方便或限制、排斥某些供应商。

（六）项目验收

验收是招标采购活动中最后一个重要环节，在此过程中存在监管缺失与徇私舞弊的廉洁风险点。从岗位职责来看，企业管理科负责基建工程投资项目、科技项目及大额信息化项目建设的过程管理与验收，烟叶分公司负责烟叶基础设施建设、烟草水源工程建设项目及烟草科技项目的管理与验收，后勤服务中心负责物资采购及房屋修缮、基础设施建设项目的管理及验收。这些验收责任主体在验收过程中易于发生问题的廉洁风险点主要表现为：

1. 在工程物资采购验收环节监管缺失，默许施工单位偷工减料、使用不合格的材料、设备，默许施工单位在施工中不执行工艺要求。

2. 在工程计量方面有意偏袒施工单位随意增加施工计量，默许供货方交付标的与合同约定标的不一致或人为降低标的质量。

3. 验收情况未及时向本单位职工进行公开，使职工"四权"难以实现，民主监督缺失。

4. 不按照合同约定及时办理款项支付手续，从中谋取个人私利。验收环节之所以出现不坚持原则、不按标准验收，主要是由于相关工作人员试图利用职权，向施工方索要好处、收受贿赂等腐败行为。

招投标过程中存在廉洁风险点的原因是多方面的，既有规章制度不完善、执行不严格等客观方面问题，也有一些主观方面因素影响着招投标的规范性：

第一，招投标领域规章制度虽然不断完善，但在执行过程中实效发挥有限，上有政策，下有对策，一些基层单位主要领导存在以言代法、以权压法的问题，直接干预招投标活动，使相关规定和程序流于形式。

第二，在评标过程中，评标专家是实现既定招投标目标的关键，评标人员的综合素质，以及能否客观打分，直接影响到评标结果的公正性。评标专家在一定范围内享有的核分权利，客观上可以左右评标结果，从而给假招标、违法招标等提供了可乘之机。加之由于工作的特殊性，相关部门对评标专家约束力不足，法律上也缺乏相应刚性条款，致使评标质量较大程度依赖于评标专家自身的道德操守。

第三，市场诚信体系建设不完善，信用观念淡薄。招投标市场主体中的招标人、投标人、评标专家以及中介机构的一些人员，在进行招投标活动中，难免会被一些权势、关系以及利益所左右。由于采购权集中在招标人、代理人、评标专家等少数人手里，且招投标的某些内容及过程又需要保密，增大了弄虚作假的风险。有些工作人员内外串通，合伙谋取私利，损害企业和国家利益。

第四，监管招投标工作存在难点，尽管目前采取了多种监督手段，但这些监督往往侧重于形式和程序，偏重于事后监督以及对违法违纪行为监督，而对实体性内容难以深入，监督效果有限。

五、烟叶生产经营领域

（一）烟叶种植计划分解

分解烟叶种植计划是烟叶生产的初步环节，也是廉洁风险发生的源头环节。该环节的廉洁风险主体主要是工作在一线的烟站站长和技术人员。廉洁风险主要表现为烟站站长在烟叶种植计划分配工作中滥用职权、违规分配和优亲厚友。

廉洁风险点具体表现为：

1. 烟站站长按辖区户口数量、人口数量、农户土地承包面积违规平均分配烟叶种植收购计划。

2. 烟叶种植计划分配与农户缴纳医疗保险、养老保险、公共建设资金等各种费用挂钩。

3. 少数乡镇、村组干部及烤烟技术人员在计划分配时考虑无关因素，例如与烟农之间存在亲友关系或者为谋取私利而违背相关分配规则，分配给烟农更多的烟叶种植计划或者故意截留烟农的烟叶种植收购计划。

(二) 烟叶种植面积落实

落实烟叶种植面积是烟叶生产前期的重要环节。精准地落实种植面积为烟苗播种以及后期烟叶收购奠定重要基础，并且是最终烟叶收购数量的重要参照。该环节的廉洁风险主要表现为人为违规的多登记或者少登记土地面积，造成经济损失；隐瞒、私自更改真实种植面积或审核把关不严，造成虚报、冒领、套取生产物资或投入资金。具体而言，该环节的廉洁风险主要存在于丈量土地和落实合同约定的烤烟种植面积两方面。

廉洁风险点具体表现为：

1. 当前土地丈量是靠人力和科技仪器结合，但安康市其特殊的地理环境，使诸多烟叶种植区域分散在山间沟壑中，对土地丈量工作形成了自然阻碍。在自然阻碍的情况下，也引发出一些人为的阻碍。该环节存在廉洁风险的主体主要是烟站一线的技术工作人员和烟站站长。廉洁风险的表现主要是技术工作人员滥用技术标准、烟站站长滥用职权未正确登记或者违规修改已经登记的烟叶种植区域土地面积，对烟叶后期产量等预测产生潜在的影响。

2. 在落实合同约定的烤烟种植面积方面，有些烟区近年来由于劳动人口转移、产业结构调整，种烟比较效益下降，一部分合同面积确实难以落实，按原则来讲，这些地方的村组干部就应该主动汇报，主动把难以落实的面积调整到种烟积极性高的地方，但他们为了个人利益或碍于情面，打着"家丑不可外扬"的堂而皇之的旗号，自作主张、隐瞒不报、擅自处理，这就导致空合同、虚假合同、虚拟农户合同等隐患。因此，这方面的廉洁风险主体主要是村组干部。廉洁风险的具体表现为村组干部故意隐瞒、私自更改真实种植面积，致使订立了空合同、虚假合同、虚拟农户合同等不真实合同，导致发生合同买卖的。同时，不能严格按照相关管理规则、程序审核合同或者故意隐瞒不真实合同或者未按照相关规定处理不真实合同，导致相关农户虚报、冒领、套取生产物资或投入资金，造成经济损失。

(三) 烟叶育苗

该环节的廉洁风险点是烟农私自种植非统一供应的品种或者与烟站工作

人员勾结，烟站工作人员包庇烟农种植非统一供应的品种。根据我们发放的问卷调查结果显示，大部分烟农的育苗是可以做到依法统供种，但其中有1.45%的自培育和2.17%的互联网采购，虽然比例很低，但这也能够揭示出该环节仍存在违规违法的风险。并且，烟农若想逃脱烟站管理人员的监督，势必会有一些人对烟站管理人员通过人情往来、利益交换帮助他们逃脱监管，获得非法收益。因此，该环节廉洁风险中的关键岗位还是烟站的相关管理人员和技术人员。

（四）烟叶收购、调拨

"烟农利益至上""全心全意为烟农服务"等是烟草行业干部员工的正确价值取向和组织纪律。执行好这些纪律规矩，对于密切党群干群至关重要，然而从近年来基层烟站发生的违纪违法案件来看，个别烟站干部员工对这些纪律和规矩充耳不闻，在烟叶收购中弄虚作假、欺上瞒下、吃拿卡要、肆意谋取个人利益等的廉洁问题，严重损害了企业利益，损害了烟农群众利益。

廉洁风险点具体表现为：

1. 在烟叶收购环节出现无合同、超合同收购烟叶，或者无计划、超计划收购烟叶。

2. 不按烟叶收购程序和制度收购烟叶。

3. 内外勾结、体外循环、弄虚作假收购烟叶。

4. 提级提价、压级压价收购烟叶，提级调拨烟叶，或者脱离标准收购烟叶，例如收购杂劣品质烟叶。

5. 擅自（超标准）处理升溢烟叶；超过《烟叶收购资格证》的规定，跨区域收购烟叶。

6. 收购人情烟、关系烟；为他人代售烟叶、代管烟叶，或者代领烟叶交售款和补贴资金等现象。

在本课题组的问卷调研中发现，有17.39%的烟农种植户对这种违规压价压级的情况表示"非常认同"，有15.94%的烟农对此表示"比较认同"，合计有33.33%的烟农认为是存在这种廉洁问题的。以上这些风险点，我们是通过对一些烟农的举报信息汇总和分类分析而得出的。例如，关于补贴补偿方面，就有烟农提出过如下举报信息："其本人在某一年度种植45亩烤烟，合同本上签订45亩，约定收购产量5760公斤，因在种烟过程中严重受灾，烟叶交售 2639.4 公斤，未完成种植任务 3120.6 公斤，属于受灾面积，其辖区内的烟站在其最后一次交售烟叶合同本上只给打印累计交售重量，没有打印剩余重量，这样会直接影响其受灾补贴款项的领取。"

　　在烟叶生产领域的各个环节中，烟站工作人员享有较大的自由裁量权，这就对他们的思想素质有着较高的要求。部分烟站工作人员由于平时工作繁重或疏于对自己的管理，对相关的专业知识及业务技能的学习不够，无法适应高速变化的现代烟草企业发展形势，导致对相关工作的完成度不高；对重点领域的风险识别不到位，纪法观念淡薄，受利益驱动，易于中饱私囊。认为自己收入较低，付出与回报不对称，常年困于繁重的生产经营及业务工作中，员工就很容易产生利用职权便利谋取私利的腐败思想。

六、卷烟营销领域

　　卷烟产品是日常消费品，赋税较高，承担着为国家现代化建设聚集资金的任务，卷烟营销领域为烟草企业带来了巨大的经济效益。同时，卷烟营销实行专卖制度，又是重大的权力运用。虽然行业经过多年的发展，相关的工作流程和制度均已经建立，但是，只要存在着权力，就存在廉洁风险。由于卷烟营销领域更重视经济效益，该领域的相关工作人员在完成销售任务的压力之下，对于廉洁风险防控管理工作存在一定的思想认识上的漏洞，企业就容易出现重销售、轻内控的局面。卷烟营销领域主要包括客户服务、货源分配、样品烟管理、物流配送等环节。这些环节的主要工作部门是营销中心、物流分公司、基层分公司，包括一线客户经理及配送人员等，他们距离群众最近，又掌握一定的市场资源，"微权力"下的"微腐败"侵害的是群众最直接的利益，会严重影响烟草行业的形象。"微腐败"相对于一般贪腐而言，多隐藏于细小微末之事中，所涉及的金额虽小，却能满足基层工作人员的虚荣心。加之"微腐败"隐蔽性强，很容易让人产生侥幸心理。如果"微腐败"行为没有及时被发现、制止，受到相应惩处，不仅个别员工日积月累，形成大腐败，甚至会出现团伙作案、集中受贿的情况。

　　(一) 采购计划编制

廉洁风险点有：

1. 烟草商业企业工作人员收受或者向中烟工业公司索要好处。

2. 违反规定擅自变更、调整烟草采购计划,导致采购中的计划风险,即采购数量、采购目标、采购时间、运输计划、使用计划、质量计划等与目标发生较大偏离。例如,采购数目的不合理造成库存短缺或积压。

3. 制定计划时没有充分考虑库存情况,导致积压库存产生。

4. 制定不合理的采购计划,与生产计划不匹配等,给企业造成经济损失。

（二）品牌进退

本环节的廉洁风险点有:

1. 违反《卷烟品牌营销管理办法退出引入规定》,人为干预烟草品牌的引入或退出。主要表现为:品牌引入前未依法依规开展例会,讨论可行性分析报告。

2. 卷烟品牌未经考察试销阶段就引入进行销售或者未进行评价就转入退出阶段,评估程序不符合规定等。

（三）客户服务环节

在客户服务方面,零售客户作为营销渠道的最末端,也是卷烟营销渠道最关键的一环。卷烟零售终端作为烟草商业企业面向消费大众的窗口,承载了推广销售产品、宣传品牌价值、联结消费行为等重要功能。为了统一零售户的等级,全国烟草系统根据零售户的经营规模、业务特点、经营能力,店面大小等,进行系统性的评级,将零售户分为 30 档等级。这就赋予了烟草企业工作人员确定、调整零售户档次、等级的权力。

廉洁风险点具体表现为:

1. 零售户的经营能力符合相应档次要求,而工作人员不为其升档,甚至故意降低其档次。

2. 零售户的经营能力不符合相应档次要求,而工作人员未按要求降其档次,甚至故意提升其档次。

3. 工作人员利用职务便利,篡改搜集的能够体现零售户销售能力的数据。

4. 档次确定或者变更后,未依法依规公开档位评价、货源供应等影响档位确定或者变更的信息。

（四）货源分配

课题组调研发现,投诉集中在货源分配环节,主要是对货源分配政策不满。例如,某百货超市客户反映个别订购的卷烟盈利不高,动销较慢;还有商店客户反映，由于经营时间短，档位较低，适销和紧俏货源不能满足日常经营需求。

廉洁风险点具体表现为：

1. 零售户处于较低档次，而工作人员分配其较高档次的卷烟货源。

2. 零售户处于较高档次，而工作人员未分配其相应档次的卷烟货源。

3. 工作人员无正当理由降低零售户的档次或者无正当理由停供、少供零售户所分配的卷烟货源。

4. 工作人员为零售户分配较其档次上限更多的卷烟货源。大多数情形是，内部人员通过违规的货源分配政策，倾斜货源，为有关系的零售户提高紧俏卷烟可订购限额，为亲戚朋友多争取高档、紧俏卷烟。

5. 关键岗位违规采用搭配销售手段，比如利用紧俏卷烟与非紧俏、滞销、无销量品牌进行捆绑、搭配或者签订协议等方式进行销售。此外，也存在着客户订购量少于日常销售量，则需要向其他客户寻求供货，反之则向其他卷烟零售客户出货的情形。对于烟草行业的卷烟营销、管理秩序也会产生相应的不利影响。

（五）样品烟管理

近年来查处的腐败案件中，高品质的烟酒常被用作贿赂物资。由于样品烟常做展示烟，质量较高且没有条码，所以样品烟就被相应的管理人员用作谋取财富、地位的工具，样品烟管理环节出现廉洁风险。该环节中的入库登记、出库登记以及发放样品烟程序均存在重要风险点，风险问题表现为关键岗位人员利用样品烟谋取私利。

廉洁风险点具体表现为：

1. 关键岗位利用管理样品卷烟的权力谋取私利、利用管理样品烟的便利将样品烟占为己有。

2. 关键岗位异化样品烟的用途，比如，违反内部规定，采用不合规方式提升卷烟销售量，例如赠送试用样品卷烟，将样品烟用作盈利。

3. 关键岗位违反样品烟收送标准，给零售户多发、少发样品烟。

4. 关键岗位未严格执行卷烟宣传促销管理规定，滥用职权或职务便利为违法违规开展的品牌培育活动提供便利。

上述廉洁风险的发生主要在于：

第一，廉洁思想松懈。卷烟营销领域工作人员，直接面对的是消费者和客户，是群众路线的直接践行者。然而，部分员工在工作中公私不分、随波逐流，放松对自身的要求，进而形成权钱交易、吃拿卡要、不负责任的歪风邪气。

第二，职业倦怠。"职业倦怠"一词，是 1974 年由费鲁顿伯格提出，用来形容在长期从事某种职业或负责某一特定工作内容中，重复性的机械的作业会使人产生困乏、疲惫、厌倦的心理，从而在工作中无精打采、出现情绪耗竭的情况。基层工作人员由于长期工作内容基本不变，很容易就会产生职业倦怠，在工作中失去激情和乐趣，漠视群众利益，服务态度差。长此以往，可能会产生一种自我补偿的心理，试图将手中的权力进行寻租，产生一定的廉洁风险。

第三，职业发展机会少。基层工作人员工作考核指标多、人员基数大、晋升通道窄，数十年扎根基层的不在少数，而工资收入增长又主要依靠职位升级。因此，部分员工升职无望转而谋求物质利益。越是处于基层，升职机会越少，收入相对更低，机会成本更小，在这样的情况下，如若廉洁意识不强、监督工作不到位，很容易就会产生贪腐。

第四，党风廉政建设责任制未落实到位。由于部分基层干部对党风廉政建设认识不足，在具体业务工作的落实和对基层"微腐败"的预防上，对廉洁规定的执行力度还有所欠缺，落实还不够到位，主要表现为廉洁责任制与业务工作结合不紧，监督部门脱离群众、监管乏力，人际关系复杂、难以进行责任追究。

第五，基层权力的监管缺位。监管力量对基层的融入和延伸还不足，同时受各种条件限制以及体制、机制等因素的影响，压力传导层层递减，部分领域的地方基层权力监督处于"上级监督太远，同级监督太软，群众监督太虚"的尴尬境地。

七、专卖监督管理领域

通过与安康市烟草专卖局、汉滨区烟草专卖局及其他县（市、区）局有关行政执法领域的工作人员座谈，并结合走访、座谈、问卷调查等方式，调研团队发现在行政许可、市场监督管理等执法领域存在较多廉洁风险点，另有统计数据显示，认为烟草专卖系统容易滋生腐败风险的人员为执法人员的高达 53.73%，反映出烟草专卖执法主管部门在行政执法领域廉洁风险点集中、多发的现象。

（一）行政许可

依照《中华人民共和国行政许可法》《中华人民共和国烟草专卖法》《中华人民共和国烟草专卖法实施条例》《烟草专卖许可证管理办法》等法律、法规及有关规定，安康市、县两级烟草专卖行政许可事项主要包括烟草专卖零售许可证核发、设立烟叶收购站（点）审批、烟草专卖品准运证核发等事项，其中权力行使最频繁的是烟草专卖零售许可证核发环节。在调研中发现，行政许可领域廉洁风险点相对集中在烟草专卖零售许可证新办及烟草专卖零售许可证期满延续两大环节。

廉洁风险点具体表现为：

1. 收受行政相对人财物，超越法定职权、违反法定程序、违规向申请主体审批发放或不予发放许可证。

2. 滥用权力在许可证期满延续、变更等事项中索要好处或无故拖延。

3. 利用职权，指使下级机关违规作出行政许可或违规为亲友、利益关系人办理烟草专卖许可证。

在许可证新办申请及延续申请中，当事人应当按照法律、法规的规定提交相关申请材料，当事人所提交的材料是否符合形式标准是许可证核发的首要环节。因此，人为设置申请壁垒、索要好处或者收取申请人财物后违规将不符合受理条件的申请予以受理是申请环节存在的主要风险。风险成因除利益交换、"吃拿卡要"等主观因素外，还包括规章制度的操作。形式审查的标准、证据尚缺乏较为细致的规定，容易造成审查人员自由裁量权过大，诱发廉洁风险。为亲友、利益相关人办理许可或延续决定的风险点，体现在未按规定实行回避，该办的不办，不该办的给办，以及在执法环境中长期存在的"利益小团体"，通过吃请、送礼等方式办"人情证""利益证"。

许可证审查、核发环节的廉洁风险点与其他行政许可领域发生违纪违法问题的原因具有相似性，其原因主要体现在执法人员廉洁意识淡薄、贪腐思想未能根除，个别执法人员存在"微腐败"不会被发现或者被发现后不会带来严重后果的侥幸心理。另外，在审查阶段还存在违反法定程序私下接触申请人、利害关系人或者单方面听取申请人、利害关系人的陈述以及接收证据材料的情形，需要进一步强化有法必依、违法必究。

（二）市场监管

根据《中华人民共和国行政处罚法》《中华人民共和国烟草专卖法》《中华人民共和国烟草专卖法实施条例》等法律、法规、规章的规定，安康市烟草专卖局在市场监管环节有行政检查、行政处罚等职权。具体包括监督检查辖区烟草专卖法律法规及规章的执行情况，组织指导涉烟违法违规大要案件查处，打击假冒伪劣、走私烟草专卖品等违法行为等。

廉洁风险点具体表现为：

1. 向被监管对象借钱借物，索要财物或低价购买紧俏烟、高价烟，推销或要求代卖样品烟以其他形式获得利益。

2. 随意性执法、选择性检查监管对象，故意刁难监管对象。

3. 向不法分子通风报信、泄密失密，有案不查，包庇亲友；内外勾结，非法倒卖卷烟或为其提供便利。

4. 私自截留、隐匿、销毁案件举报线索，威胁、恐吓举报人。

烟草专卖局依法履行市场监督管理职责，体现于行使行政检查权力，但行政检查具有较大的主动性和随机性。通常来说，对于辖区所有被监管对象的监督检查很难采取普查的方式进行，目前主要依靠定期或不定期检查、抽查、联合检查等几种方式，因此检查对象的确定很大程度上依靠执法人员的主观选择，为选择性执法留下了空间。

行政检查人员与被监管对象发生利益往来，或直接索要钱财，接受吃请，向监管对象低价购买紧俏烟、高价位卷烟等，反映出执法人员与被监管对象存在长期利益交换的廉洁风险。被监管对象拉拢执法人员下水，或者执法人员主动与被监管对象结为利益共同体，很难在短时间内或几次执法检查过程中形成，各县（市、区）局执法人员处于一个相对狭小的熟人社会，人际关系相对固定，极易形成关系网，进一步诱发执法人员与被监管对象的加强往来，甚至内外勾结、猫鼠一家，参与非法收购倒卖卷烟或为倒卖卷烟提供便利等廉洁风险点。

另外执法检查制度缺少明确的细则与监督制度，容易引发随意性执法、选择性检查监管对象的现象，加之执法过程全记录、执法公示公开制度不完备，也引发了故意刁难监管对象影响正常经营的廉洁风险点。

最后，执法案卷管理缺乏监管容易导致向不法分子通风报信、失密泄密，以及私自截留、隐匿或销毁案件及举报信息和线索，威胁、恐吓举报投诉人，故意泄露举报人、线人相关信息的不良事件发生。

随着全面从严治党、全面从严治企的重大方针政策的落实，市场监管环节的廉政风险逐步减少，但还应再次强调预防此类风险点偶发、复发亦是"大监督"体系中不可缺失的环节。

（三）案件管理

在行政检查的过程中发现被监管对象存在违反法律、法规进行生产经营行为，调查取证后作出相应处罚，这个过程发生廉洁风险的可能性较高。

廉洁风险点具体表现为：

1. 利用职务便利索取、收受当事人财物，该罚的不罚或者轻罚。

2. 泄露案情、隐匿案件证据、卷宗，为亲友、利益关系人办人情案，当保护伞。

3. 徇私舞弊，有案不立、有案不查或不应当立案而立案。

4. 随意变更处罚性质，降低案件处罚标准，不执行处罚自由裁量权标准，未经审批私自将案件放弃调查或不移交涉刑事犯罪案件。

5. 隐瞒案件信息，袒护包庇他人或单位逃避查处。

案件管理阶段所涉及的廉洁风险点主因在于"标准"的缺失或把握不精准。具体而言，缺乏立案标准给执法人员预留了裁量空间，造成案件管理的混乱，如徇私舞弊、有案不立、有案不查或不应当立案而立案、无故拖延案件办理。不能精准把握行政处罚标准导致了随意变更处罚性质，随意降低案件处罚标准，不执行行政处罚自由裁量权标准，甚至未经审批私自将案件放弃调查或不移交涉嫌刑事犯罪案件，以罚代刑的廉洁风险点出现。

执法人员对案件走向有较大的操作空间和余地，也顺势造成其利用职务之便索取、收受当事人好处或以要挟、暗示等手段向当事人索要好处以及为亲友、利益关系人办"人情案"，充当"保护伞"的廉洁风险。

产生以上廉洁风险的原因还在于对案件管理的监督制度，目前仅依靠纪检监察、巡察等方式对案件管理工作进行监督较为单薄，内部层级监督、审计监督等事后监督也应当发挥效能。在立案处罚后有可能出现违反"收支两条线"原则对罚没钱物进行非法处理以及截留、私分或变相私分罚款、变卖款、没收的违法所得或者烟草专卖品的廉洁风险点，急需后续监督管理工作进一步落实。

（四）专卖经费使用

安康市烟草专卖局涉及经费使用的项目为烟草专卖经费、科研项目经费、工会委员会经费。此类经费的使用、支出、管理等均有明确的办法、细则，如《安康市烟草专卖局经费管理实施细则（试行）》《陕西省烟草公司安康市公司科研项目经费管理办法（试行）》《安康市烟草工会委员会经费管理办法（试行）》等。在行政执法领域需要讨论的是烟草专卖经费，内容包括打假打私经费、专卖管理经费等，基于烟草专卖经费涉及的内容环节较多以及经费使用频繁的特征，在经费使用环节仍有出现廉洁风险的可能性。

廉洁风险点具体表现为：

1. 违反收支两条线，对罚没财物违法处理。

2. 利用职务便利截留、私分罚款、变卖款、没收的违法所得。

3. 套取、私分办案奖励经费。

在烟草专卖经费使用的环节中存在的廉洁风险点表现虽然不同，但究其形成原因具有一定的相似性。首先，在经费申请中需要进行严格的审查，确保所申请的经费符合规定、确有必要，但所申请的经费是否依照申请理由完全执行缺乏相应的监督管理，经费实际支出及去向不明引发了挪用、套用、冒领经费的廉洁风险。其次，在经费审批中，主管领导存在只签名、不审查的现象，对于下级或经办人呈批的内容往往一签了事，不能承担起审核责任。最后，在相关票据管理审查中，可能出现与相关单位、个人弄虚作假虚开发票、证明的情况，引发侵蚀国有资产、企业财产的廉洁风险。

（五）内管监督检查

安康市卷烟经营内部专卖管理监督主要涉及需求预测、品牌进退、货源组织、客户分档、营销策略、订单采集、货款结算、物流配送等八个卷烟经营环节的工作规划制定和执行情况。由于内部监督管理检查负责对行业内部生产经营企业的日常监管，因此还存在"重外管、轻内管"的思想未能全面纠正。

廉洁风险点具体表现为：

1. 索取、收受被监管对象的财物，人为干预调查结果，内管监督流于形式。

2. 与被监管企业、个人合谋套取、倒卖卷烟。

3. 内管人员与烟站工作人员弄虚作假、虚开发票、内外勾结、牟取私利，不执行烟叶收购、调拨合同或无合同、超合同收购等问题。

4. 发现异常情况不予通报，索取工业企业样品烟、私自售贩样品烟。

5. 在内管检查工作中发现的违法违规行为不及时记录、反馈，避重就轻隐瞒不报。

6. 对发现的违纪违法个人、部门、企业包庇袒护，不按规定移送纪检部门追究责任。

内管监督检查呈现监督闭环特征，主要监督检查工作由市县两级内管部门履行职责，缺乏对内管部门的监督，容易诱发工作人员收受、索取被监管企业的财物，致使内管监督流于形式甚至有可能出现与被监管对象相互勾结，套购、倒卖卷烟。在调研中发现，内管监督部门主要对涉及卷烟营销的八个环节制定规则、执行规则等方面查找问题，内管部门工作人员履责具有较大主观性，产生对检查中发现的违规经营行为不及时如实记录、反馈，避重就轻、隐瞒不报的廉洁风险点。在对内部人员违规违纪、企业违法经营等情况处理中，相关处理依据、方式种类未能全面遵守落实，有可能导致在内管监督履责中对发现违法违纪的个人、企业包庇、袒护，不按规定追究责任。

八、财务管理

烟草商业企业应当正确把握资金流量大这一特性，财务领域监督要紧紧围绕预算管理、财务内部管理、资产管理、资金管理、"小金库"风险管控五方面。

（一）预算管理

1. 预算编制方面，存在定额标准执行不到位，职能部门审核把关不严，导致预算编制错误，影响预算执行结果等的廉洁风险。具体表现为：

（1）预算编制以财务部门为主，业务部门参与度较低，可能导致预算编制不合理；预算编制范围和项目不全面，各个预算之间缺乏整合，可能导致全面预算难以形成。

（2）预算编制所依据的相关信息不足，定额标准执行不足，可能导致预算目标与战略规划、经营计划、市场环境、企业实际相脱离。

（3）职能部门对于全面预算不能适当审批或者超越授权审批预算计划，导致计划权威性不够，执行不力，或可能因重大差错、舞弊而导致损失。

2. 预算执行方面，管控不严，预算超额执行，影响经营成果核算。具体表现为：

（1）全面预算下达不及时不彻底，可能导致预算执行或者考核无据可查。

（2）预算审批权限及程序混乱，可能导致越权审批、重复审批，降低预算执行效率和严肃性。

（3）预算执行过程中缺乏有效监控，可能导致预算执行不力，预算目标难以实现或者预算超额执行。

（4）缺乏健全有效的预算反馈和报告体系，可能导致预算执行情况不能及时反馈和沟通，预算差异得不到及时分析，预算监控难以发挥作用、影响。

（二）财务内部管理

该环节的廉洁风险点主要表现为工作人员为谋取私利，进行违法违规行为，泄露公司重要财务信息、数据，给公司经济运行造成不良影响。

财务岗位按照领导的决策具体办理内部各项事务，涉及人、财、物。2021年以来，中央纪委国家监委网站累计发布14起出纳、会计等岗位财务人员违纪违法问题的案例，暴露出财务人员岗位的廉洁风险、财务监督流于形式等问题。烟草企业应当加强对于资金监管领域财务岗位的监督管理，才能有效防止不规范行为的发生。作为财务的直接管理部门，财务科的工作人员属于廉洁风险关键岗位的工作人员。主要风险表现为"损害企业利益"和"以权谋私"。

1. 在"损害企业利益"方面存在的廉洁风险点表现为：

（1）内部人员收取好处故意泄露企业及行业秘密。

（2）关键岗位故意泄露财务信息化系统密码，恶意篡改财务数据，挪用公司资金。

（3）关键岗位参与违法违规活动，如恶意使用财务印章，参与贷款担保、违规理财等。

2. 在"以权谋私"方面的廉洁风险表现为：

（1）关键岗位利用审核付款权限吃、拿、卡、要，违背会计人员职业道德和诚信的廉洁问题。

（2）在公务活动中，接受馈赠或者宴请，给对方不正当利益；对亲属及身边的工作人员管理不够严格，造成不良后果。

究其原因，一方面，制度规定相对较为笼统，可操作性不强。企业制定的财务管理办法较为笼统和原则，没有结合本单位实际情况，甚至没有明确相关岗位职责，更没有体现岗位互控的要求，不利于具体操作和风险防范，比如资金管理的内容，没有结合本单位实际详细规定对账流程和方法，也没有明确相关岗位职责，更没有体现岗位互控的要求，不利于具体操作和风险防范。另一方面，实践中出现了许多财务人员纪法意识淡薄，对国家和企业没有责任感，对行为后果没有充分的判断，为谋取私利而违反财经纪律的现象。

（三）资产管理

资产管理除财务部门之外，还涉及后勤、企管等职能部门及烟叶、营销、物流等重点业务部门，廉洁风险点具体表现为：

1. 未严格按照相关规定核对未达账，关键岗位利用此漏洞开出空头支票，造成公司经济损失。

2. 组织、监管、核查不到位，资产清查不实；未及时、全面地核对资产账或在资产清查盘点中虚报、瞒报资产，存在账实、账账不符的风险。

3. 未及时进行清理往来账、未及时清零每月的卷烟货款，形成大量的呆死账，造成公司资金损失。还存在着关键岗位违反财务管理规定，利用呆死账套取现金等廉洁风险。

在客观方面，资产管理环节中的业务流程的各程序之间缺乏有效的制约、制衡的监督内控机制，造成关键岗位易发生腐败行为的风险。

相关部门的"一把手"知悉更多的内部信息且在重要资产的处理决策中享有较大的权力。若其在主观层面缺乏廉洁意识，不能正确认识所处岗位、领域的重要风险，不知晓相关的法律知识，就可能造成关键岗位不正确履行职责或不作为，构成失职渎职、以权谋私、贪污受贿等严重后果的廉洁风险。

（四）资金管理

关键岗位在工程款结算环节、物资采购环节中，不能严格遵循财经制度、资金管理规定及合同约定付款，存在支付款项不合理等廉洁风险。

1. 工程款结算。烟草行业工程建设项目多、资量大、利益主体多、面临不法商人"围猎""俘获"的风险大，是行业廉政建设的重中之重。工程款结算中最容易出现廉洁风险的是履行财务报销审批环节，存在廉洁风险的主体主要是项目实施部门负责人和财务部门相关人员。存在的问题，即廉洁风险点主要表现为"违反财经纪律"和"以权谋私"。

廉洁风险点具体表现为：

(1) 在"违反财经纪律"方面，存在收受施工单位好处，使工程建设项目价款结算与工程实施进度不匹配，提前或超比例支付工程价款的风险问题。

(2) 在"以权谋私"方面，工程款结算一般需要经过工程验收，在这个过程中存在着关键岗位人员为了实现特定目的，有意降低验收标准，私自进行验收或者故意刁难，久拖不验，从而拖延支付工程价款的风险问题。

该领域出现的廉洁风险表现为关键岗位为了实现个人目的而滥用权力或者实施违法违规的行为。究其原因，一方面，关键岗位缺乏廉洁意识，对法纪毫无敬畏之心，缺少严格的自我约束；另一方面，该环节的履行财务报销审批程序设计不够严密，使得关键岗位的个人自由裁量空间较大。同时该环节的关键岗位均为相关部门的负责人，企业内部缺乏有效制衡和监督制约，可能使其行使权力失控、行为失范，构成渎职失职、滥用职权、以权谋私等严重后果的廉洁风险。

2. 物资采购资金管理。烟草商业企业物资采购资金管理具有高度密集性，因而风险也高度密集。主要廉洁风险点在于物资采购资金报销程序，概括的问题主要是"违反财经纪律"，具体表现为：

(1) 关键岗位未将物资采购纳入预算管理，伙同合作单位无预算或超预算开支。

(2) 关键岗位收受供应商好处，不按合同要求结算物资采购资金，超范围支付，未验收即支付。

(3) 关键岗位明知收款单位与发票开具单位、合同签订单位、供货单位不一致，仍予以报销。

(4) 关键岗位以不合理高价进行采购或者违反政府采购的相关规定没有经过招投标程序采购物品，或者对围标、串标视而不见，可能产生不廉洁行为。

上述廉洁风险点的成因在于：

第一，采购资金管理制度中权力制衡机制不健全。搞"上有政策、下有对策"，暗箱操作，逃避监管。要防止滥用权力，就必须以权力约束权力，形成相互制衡机制，采购资金管理的权力较为集中，一旦脱离监督，就可能出现玩忽职守、权力滥用，容易导致不廉洁行为的发生。

第二，内部业务考核机制不健全。考核内容和权重偏重采购量，缺少对采购质量和效果的精细化考核标准，不利于充分发挥采购人员降低采购成本的主观能动性，也不利于预防不廉洁行为的产生。

第三，对采购业务的监督不力。在企业实施监督的过程中，主要存在监督的广度不够，覆盖面较窄，监督的深度不够，有时流于形式，监督的力度不够等问题。

第四，有不法人员心怀侥幸，甘冒风险，从事不法勾当，谋取不当利益。因此，素养的高低、拒腐防变能力的大小就成为决定采购从业人员能否廉洁从业、维护企业利益的关键。

（五）"小金库"风险管控

企业大额度资金运作环节可能出现关键岗位"暗箱操作"行为，私设"小金库"。该风险环节的关键岗位人员主要涉及各科室负责人、各中心负责人、学会负责人。廉洁风险点就是私设"小金库"用于违规违法行为，具体表现为：

1. 关键岗位虚构支出事项、少列收入款项，将相应资金转入个人账户。

2. 关键岗位未经民主决策程序私自处置单位资产。

3. 关键岗位实施包装物不入账等行为形成"小金库"资金来源。

4. 对已作坏账的应收款，收回时作为账外小金库，中饱私囊；将不需付的款项，付出作为账外资金，自由支配。

上述廉洁风险点的成因在于：

第一，大额资金管理缺乏有效监控。《关于进一步推进国有企业贯彻落实"三重一大"决策制定的意见》就大额资金的使用作出了明确规定，企业大额资金运作要求必须有领导集体决策的程序。而烟草企业对于银行账户、大额资金调动、大额定期存款的管理、一些大型项目资金的支付等具有管理上的疏漏，缺乏领导集体决策、缺乏相关资金信息的透明度。

第二，周转金使用不规范。周转金是财务部门借给职能部门或业务人员做零星开支或周转的款项，由于企业对这部分资金管理薄弱、不够重视，舞弊现象时有发生。例如，业务人员利用职务之便，以备用金的名义领取现金，然后通过银行转账还款，实际是套取现金。首先，企业周转金把关不严、借支随意。有些单位甚至出现"私事借公款""小事借巨款"等随意现象。其次，周转金使用环节监督缺失。一些企业周转金借出后，没有下文、没有专人监督，周转金的松散管理导致个别企业有关人员长期挪用、占用周转金，甚至利用这部分周转金捞取额外利益。最后，周转金报销、核销程序管理不严，导致报账不及时或草率清账，使得这部分资金体外循环。

第三，往来账款清收不及时。单位往来账款管理重视度不够，挂账时间较长，金额较大，存在一定坏账风险。一些企业只重视销售而忽视往来款项的催收、清理。如果企业应收款项长期无专人负责催收，无领导重视，势必加大应收款项形成呆坏账可能，甚至出现很多不可控因素，比如人员变化、当事人更换等，导致企业资金管理风险的出现。

九、审计监督领域

具体包括以下廉洁风险点：

(一) 审计计划及方案制定

1. 利用职权及职务便利谋取私利。例如审计派驻办的相关人员利用职务便利，通过审计计划安排谋取私利；人为干预工作方案、审计实施方案内容的制定而谋取私利。

2. 主要工作人员在编制和审核审计工作方案、审计实施方案时未合理确定审计内容和重点。

3. 为照顾利益关系，故意误导审计方向；人为调整或未严格执行审计实施方案。

审计工作的法律性和专业性非常强，要求审计人员具有较高的综合素质。部分审计人员在党性观念、宗旨信仰、道德品行、作风纪律、业务能力、政策水平和心理素质等方面与审计工作要求还不相适应，有的相差较远，从而带来较大的廉洁风险。

（二）审计实施阶段

实施阶段的风险点有：

1. 工作疏忽大意。未按有关法律法规和内部审计职业规范实施审计，导致应当发现的问题未被发现，可能造成严重后果。

2. 违反"中央八项规定"和审计署"八不准"审计纪律，利用职权谋取私利。如审计派驻办的相关人员利用职务便利收受被审计单位纪念品、礼品、消费券和有价证券等；利用职务便利，通过被审计单位为小团体、个人或他人谋取好处；利用职务便利，向被审计单位或有关人员泄露审计信息、案件举报、案件移送处理过程中有关信息，或授意、指使下属人员避重就轻，掩盖重大问题。

3. 审计相关人员对应当上报的问题自行进行处理，不予核实上报或延伸审计，或为被审单位解脱责任出谋划策。

4. 审计人员在开展审计工作时，发现问题不查证、不深查，查出问题不汇报、查多报少和查重报轻，或以消极不作为手段影响审计工作开展；为照顾利益关系，隐瞒重要审计问题及线索（含举报内容），以此为筹码与被审计单位进行利益交换。

5. 利用工作之便，使用银行账户查询通知书、介绍信等审计授权文书，为个人或他人谋利；违反"中央八项规定"、审计署"八不准"审计纪律。

6. 内部审计机构负责人和内部审计人员应回避而未回避，或者利用职务之便影响他人独立、客观履行审计职责。

7. 违反国家规定或者本单位内部规定的其他情形。

审计派驻办不同于纪检监察部门，在发挥监督作用的同时更要对经济运行活动做出客观、公正的评价，这就要求审计人员根据现场所得审计数据，做出客观公正的审计结果。而审计派驻办接受省局（公司）与派驻单位的双重管理，由于接近派驻单位，人事关系、薪酬核算、晋升渠道等由派驻单位管理，开展审计工作容易受到驻地单位人情因素影响而无法独立行使审计监督权，难以保证审计结果的客观真实。

（三）审计报告阶段

这一阶段的廉洁风险点有：

1. 缺乏职业道德和安全保密意识，随意透漏审计结果，致使泄露国家秘密或者商业秘密。

2. 利用职务之便谋取个人利益。如审计派驻办负责人及审计人员在审计报告审理复核过程中，将有关信息向被审计单位通风报信，或授意、指使下属人员掩盖重大问题并谋取利益。

3. 工作人员在审计报告审理复核、综合审计报告汇总阶段，对审计发现的重大问题自行决定不在报告中披露。

4. 为照顾利益关系或达到个人目的刻意隐瞒审计查出的问题或者提供虚假审计报告。

究其原因，在于审计人员保密意识不强、职业操守欠缺，同时审计派驻办实质上未独立于派驻单位，导致审计人员受人情关系的影响，随意泄露涉密信息，或将审计中发现的应当上报的问题不予上报。

（四）审计结果公布与整改检查阶段

这一阶段的风险点有：

1. 审计派驻办的相关人员为照顾利益关系或达到个人目的，为谋取私利，在起草涉及审计整改信息时，存在不如实反映等行为。

2. 审计工作人员在公布审计结果过程中，因获得有关人员好处，故意泄漏知悉的国家秘密、工作秘密和商业秘密，或者违规披露有关保密信息。

3. 对应当追究被审计单位审计整改责任的，未提请纪检监察和人事或相关部门追究处理。

究其原因，在于审计发现问题的整改情况跟踪检查不够严格，导致某些问题重复出现。审计人员贯通协同监督意识不强，对问题线索分析研判不精准，涉嫌违规违纪的问题线索未按规定移交纪检监察部门进行处置。

十、其他领域的廉洁风险点及其成因分析

（一）后勤保障

后勤保障的廉洁风险点所在的部门是后勤服务中心。该中心负责市局（公司）机关安全保卫、物业管理、食堂管理、创卫工作、环境卫生管理等工作；负责全市系统后勤采购、房屋修缮、基础设施建设项目论证，设施配备计划审核；车辆管理工作；会议和机关日常会议的后勤服务；实物资产、无形资产管理；培训中心的日常管理。通过其各项职责不难发现，后勤保障环

节的廉洁风险点较多，包括：

1. 一般服务保障，包括安全保卫、物业管理、食堂管理等方面。其中的廉洁风险内容主要表现为利益交换，表现在安全保卫招标、食堂蔬菜主食供应中发生金钱交易。例如，常用物资供应商或投标方请托后勤管理人员，希望得到特殊关照，从而影响了物资采购和招投标工作的公正性和公平性。

尽管这方面的规章制度很多，但是执行不到位、不严格，有令不行、有禁不止的现象较为突出。如《食堂管理办法》规定"坚持实物验收制度，搞好成本核算，做到日清月结，账物相符，每月盘点一次，接受干部职工监督"；而实际工作中食堂并未建立收发存台账，未进行盘点，没有做到账实相符，出现金钱交易关系表明相关工作人员的法治意识、廉洁意识不强，监督不够严密。

2. 日常物资采购。相关工作人员不符合素质要求、不具备程序意识，不能正确履行职责，自私自利心作祟。日常物资采购程序不规范，制定出来的采购计划不符合实际需要，可能造成过度采购、高价采购等不合规采购后果。具体表现为：

（1）采购申请审核不严格，致使部分物资设备超标配置、造成资源浪费。

（2）采购程序、供应商选择和价格等因素把关不严，容易出现质量不合要求或高价购置的现象。比如通过网上购物平台采购的情况，审核存在一定困难。

3. 日常维修工作。申报人员虚报维修项目信息或相关干部未严格审核核对申报项目信息，致使项目申报不实、费用超出。工作人员的综合素质不符合岗位要求，不能正确履行岗位职责或者缺乏廉洁意识，无法经受金钱诱惑进而内外勾结，私吞公司维修资金。廉洁风险点具体表现为：

（1）申报人员虚构、篡改维修项目信息，致使维修项目信息不实、超出年度维修计划的预算资金。

（2）对申报项目审核不严，致使项目申报不实，小病大修，反复维修。

（3）对申请维修的事项经费审核不严，过度用料，拖延工期，致使费用超出。

4. 固定资产管理。固定资产管理的主要任务是：建立健全各项管理制度，合理配备并节约、有效使用固定资产，提高固定资产使用效益，保障固定资产的安全和完整。然而，部分工作人员的综合素质不符合岗位要求，态度不端正，麻痹大意，不能正确履行岗位职责，追求个人利益，不顾国家和企业利益。固定资产管理的廉洁风险点具体表现为：

（1）对处置资产使用年限审核不严格，可能造成部分资产未做到物尽其用。

（2）对报废资产残值估计不足，可能导致资产回收残值偏低。

（3）报废过程不透明或报废处置的收入没有准确、及时入账，存在暗箱操作。

（4）故意提供虚假情况和资料，或者与资产评估机构串通作弊，资产评估结果失实。

5. 公车管理。公车管理的廉洁风险点有：

（1）公车私用，用于婚丧喜庆、休闲度假、探亲访友等非公务活动。

（2）个人应付的车费由公司进行报销或者在车辆维修、保养、加油过程中虚报数目进行报销，套取公司资金。

（3）保养不当、未按规定定期保养车辆（病车上路）。

（4）车辆使用者违章驾驶，造成交通事故，导致人身或者财产损失，以及滥用职权，帮助车辆使用者逃脱法律制裁。

上述廉洁风险的发生，原因在于：

第一，保障思想不到位。在公车管理过程中，要做到领导干部责任到位、机关科室落实到位、干部职工认识到位。

第二，制度不健全。在管理过程中，要严格履行车辆使用审批手续，建立先由车辆使用人申请，然后逐层审批管理机制，实现派车档案管理和动态监控。

第三，监督不力。应当建立公务用车管理信息平台，对车辆在实际运行过程中产生的维修费、保险费、燃油费、行驶里程等内容及时填报汇总，建档造册。

（二）群团工作

群团工作科（工会办公室），主要负责全市系统群团组织建设，指导基层群团组织开展工作；贯彻执行中央和行业有关群团工作的政策和规定，维护职工的合法权益，参与职工利益相关规章制度的制定；组织开展劳动竞赛、文化体育活动；协助做好劳动模范、"五一"劳动奖等荣誉称号的推荐；组织开展系统工会和机关工会、团委、妇工委、烟草学会等日常工作；做好职工劳动保护工作；负责组织实施助力巩固脱贫攻坚成果同乡村振兴有效衔接工作；负责本单位公益捐赠工作。通过其部门职责，以及走访调研发现该环节的廉洁风险点主要表现在以下几个方面：

1. 维护职工权益方面。不充分履职，漠视群众利益，未按照《工会法》《劳动法》等相关规定保障职工的劳动报酬、工作时间、休息休假、劳动安全卫生、保险福利等事项。

2. 助力巩固脱贫攻坚成果同乡村振兴有效衔接方面。廉洁风险点主要表现为捐赠资金申请过程中存在吃拿卡要问题；捐赠资金的使用未按照捐赠协议约定的用途进行使用，捐赠资金监管不力。

究其原因，在于部分工作人员综合素质不符合岗位要求，对《陕西省烟草公司安康市公司公益捐赠资金管理办法》制度学习不到位、执行不到位，缺乏规范意识，不负责任，不能严格依法办事。

3. 工会经费的使用与核算。廉洁风险表现为：

（1）工会经费在收入过程中未按规定收缴而导致了实际收入资金与应收入资金不一致。

（2）支出原始票据不真实，支出科目使用混乱，造成数据统计不准确。

（3）超年度预算支出，超出规定的范围支出。

该环节所发生的廉洁风险大多是相关人员出于个人目的而违法违规工作。对《安康市烟草工会经费管理办法》学习不到位，执行不到位。相关人员缺乏廉洁意识、法治意识、规范意识；监督管理部门的监督工作没有落实到位或者不重视对该领域相关工作的监督。

（三）人事管理

随着当前改革的持续深化，烟草商业企业的改革进程也在持续加快，建立了现代企业制度。这对于烟草商业企业的科学、健康发展发挥了重要作用，但是在此过程中依旧存在人事制度改革滞后的问题。企业对人事管理的重视程度还不够，并且在新时代下的市场竞争和企业的经营过程中，除了传统的质量竞争、成本竞争和产品服务竞争之外，企业的人才管理也起着至关重要的作用。

人事管理廉洁风险点具体表现为：

1. 考勤管理把关不严，迟到早退监督检查不力，未履行相关请休假手续而旷工。

2. 员工工资发放中出现审核不严，计算错误职工的工薪，或者由于岗位调整而疏忽大意未及时调整。

3. 档案管理中不遵守档案保管、审核、保密政策，违规操作档案借用、转递，造成档案丢失，泄露职工的基本信息等。

4. 专业技术职务聘任方面，未按照相关专业技术聘任程序聘任，聘任不合法不公正，聘期未进行考核或者考核流于形式。

5. 教育培训方面，经费审核把关不严格，未按标准列支，培训对象和方案没有针对性，在风景名胜区培训，导致培训福利化。

风险产生原因主要是部分人员对相关法律、制度规定落实不到位，甚至顶风作案，同时对于人事管理工作的监督不深入，过程监督体现得不明显。

（四）科技项目管理

烟草系统专业技术性强，为了提高烟叶种植、生产、营销和管理水平，需要经常性开展技术开发，所以，定期设立技术开发研究项目，组织专业技术人员开展科研活动并予以经费支持。科技项目管理工作的廉洁风险关键岗位是企业管理科，安康市局（公司）科技项目分为省公司计划项目和市级公司自研项目，省公司计划项目由省局（公司）科技委办公室负责归口管理；市级公司自研项目由各市级公司科技主管部门归口管理，并接受省局（公司）科技委办公室的监管。科研项目需经立项、实施、结题、成果推广应用、评价管理等环节，且涉及科研项目经费管理。在科技项目管理中，廉洁风险点存在于科技项目审批以及科研项目经费管理。

廉洁风险点主要表现为：

1. 未严格按照科技项目申报条件、范围、程序进行审批和立项。

2. 未按规定审核、审批、使用科研项目经费，造成经费使用不规范。

3. 在评审过程中，有意影响专家评审。

4. 外审专家鉴定过程中，遴选专家不合理，向申报人泄露专家信息。

5. 项目验收审核把关不严或收受项目承担主体好处违规结项。

6. 假借科技项目套取经费或项目应当终止未按规定终止项目。

　　科技项目管理的廉洁风险点主要成因在于对项目的全过程监督缺失以及项目综合把握失衡。省、市公司计划项目虽制定有较为完整的管理链条，诸如企管科对项目申报进行征集，科技委办公室负责立项评审工作等，但项目申报条件稍见宽泛易留出操作空间。其次，科研项目经费较高，对于经费的监管除在立项环节进行评审以外，在项目实施过程中监督较为滞后，项目承担者对于经费的使用支出具有完全主导权，因而可能造成经费使用混乱甚至套取项目经费的情况发生。最后，在结项过程中，容易出现不符合结项条件的科技项目通过验收，其主要原因是评审专家不负责任，课题承担人弄虚作假伪造成果使不符合标准的项目通过验收，反映出对项目结题、验收环节还缺乏多维度的监督。

第四章

烟草商业企业"大监督"体系的构建

一、整合领导体制与工作机制，实现 1+1 ＞ 2 效应

（一）成立领导机构

在烟草商业企业"大监督"体系的构建之下，为形成高效的领导体制与工作机制，打通不同监督主体之间的"信息壁垒"，烟草商业企业根据工作需要，成立"大监督"工作领导小组，全面负责领导和实施"大监督"工作。领导小组实行"一把手"负责制，每季度召开专题会议，听取监督工作汇报，研究解决监督工作存在的短板和弱项，分析研判监督检查中发现的问题，提出处理意见按相关程序进行处置，安排部署下一阶段的监督工作。领导小组办公室负责贯彻落实领导小组会议精神，通过定期例会、日常沟通、信息传递等方式，延伸和扩展党风廉政监督工作，对小问题早发现、早提醒、早纠正、早查处，扎实推动"大监督"体系有效运行。

第一，领导小组要明确工作目标，搞好顶层设计，准确把握决策、监督原则。"大监督"工作机制要始终坚持在党组领导下运行，领导小组及其办公室负责统筹专责监督、专职监督、业务监督等各方力量，围绕企业生产经营管理目标任务，把握监督方向和思路，确定阶段性监督重点，综合审定各监督主体年度监督工作计划，督促督办计划实施，对监督结果进行定期分析研判，提出改进要求，对监督当中发现的违规违纪问题研究确定处置意见，以实现规范、有效监督的目标。

第二，领导小组要精心组织实施，认真剖析整改。落实好以案促改制度，通过对典型案例的通报、宣读处分决定书和忏悔书等形式加强警示教育。对权力相对集中、廉政风险易发领域的部门下发以案促改工作通知书、纪律检查建议书等。深入剖析个性和共性问题，广泛征求意见，找出案发规律，深

挖廉政风险产生所反映出的漏洞,形成问题报告,列出问题清单。

第三,领导小组要完善工作机制,强化监督检查。针对现存的廉政风险,全面审查、评估、清理现有的制度,查漏补缺,推动相关体制机制的完善和创新,通过制度提升监督的约束力和执行力。通过听取汇报、查阅资料、座谈了解、民主评测等方式,对各职能部门的监督工作进行监督检查,防止监督工作走形式、走过场,特别要注重对重点领域、关键环节的把控,组织开展具有针对性的监督检查,深入排查和防范廉政风险。

(二)建立联席会议制度

联席会议由领导小组组织召开或纪检组长安排领导小组办公室组织召开,各职能部门负责人为会议成员,根据有关工作需要可邀请职工代表、烟农代表、零售户代表等列席参加。联席会议的主要职能是围绕新时期安康市烟草专卖局(公司)的协同贯通监督工作、沟通信息、交流情况、研究问题、提出意见和建议。领导小组办公室(纪检监察科)负责联系会议筹备和组织,确定召开时间、议题安排、会议通知等事项,综合整理各监督主体相关情况,协调督促各部门落实会议安排部署的有关事项。

第一,根据监督计划召开联席会议。发挥联席会议制度的"牵头、协调、综合、指导"职能,明确工作重点、责任部门、完成时限,制定年度计划,整合资源,增强督导力度。通过定期或者不定期召开联席会议,总结阶段性工作,通报监督工作的落实情况,分析和研判过程中产生的问题,提出改进监督工作的措施,并且部署阶段监督工作任务,形成高效运行的工作机制,确保"大监督"工作的顺利开展。

第二,抓好学习落实,明确目标。传达学习党中央及行业上级党组关于贯通协同监督有关文件精神,结合当前企业实际,研究贯彻落实意见,是联席会议召开的重要环节。通报相关职能部门在廉政建设、履行责任、思想作风等方面的问题,通报典型案例、查处情况、违纪违法案件的情况,通报当前监督工作中出现的倾向性、普遍性的问题,提出解决的意见和建议。

第三,明确职责,提出意见和建议。围绕监督工作的新背景、新要求和新理念,结合烟草行业及本系统工作实际,联席会议及时进行信息沟通、情况共享,统筹各监督主体履职情况,梳理相关内容,明确计划,提出改进和提升"大监督"工作明确的意见和建议。

（三）构建"大监督"格局，实现1+1 > 2的效应

为持续加大监督力度，有机整合烟草商业企业各领域的监督资源，凝聚监督合力，形成横向互动、纵向贯通、运转顺畅、富有成效的监督机制，以"大党建"为引领，以"大监督"为保障，"大规范"为目标，结合烟草商业企业自身特点，着力打通监督壁垒，打破信息孤岛，构建"大监督"体系，纵深推进全面从严治党，是当前烟草商业企业的重大课题。

第一，强化政治监督统领作用。把讲政治作为监督的灵魂，坚定不移对标对表"两个维护"，切实增强政治判断力、政治领悟力、政治执行力，凸显政治监督之首要位置，增强烟草商业企业党组织的政治监督效能。

第二，突出专责监督主导地位。聚焦纪检监察"监督的再监督"职能，始终坚持严的主基调，贯通运用监督执纪"四种形态"，严肃查处烟草商业企业中失职失责和违规违纪行为，持续强化纪法威慑，有力营造知敬畏、存戒惧、守底线的良好氛围。

第三，把握专职监督关键环节。紧盯烟草商业企业易产生廉政风险的风险部分、多发部位，聚合相关领域监督职能，构建导向一致、多位一体的监督格局，推动重点领域、关键环节、重要岗位持续规范。

第四，发挥业务监督基础功能。细分业务部门，明确各自管理职责，明确目标任务，建立权责清晰、上下一致、各司其职、各负其责的管理格局，坚持定向、定点、定时开展监督检查，充分夯实政务、企务和业务管理基础。

第五，有效拓展群众监督渠道。提升对群众监督重要性、必要性的认识，充分打通群众监督渠道和路径，激发群众活力，汇聚群众能量，积极践行"一切为了群众、一切依靠群众，从群众中来、到群众中去"的群众路线。

二、强化党建引领，践行初心使命

深入学习贯彻习近平新时代中国特色社会主义思想，持续强化新时代党的建设，推进全面从严治党向纵深发展，是各级党组织和全体党员干部所肩负的重大政治任务。全党必须保持战略定力，发扬斗争精神，保持严的氛围，坚持以零容忍态度惩治腐败，坚决纠正一切损害人民群众利益的不正之风，坚持完善党和国家的监督制度，不断深化党的自我革命，一以贯之、坚定不移推进全面从严治党。安康市烟草专卖局（公司）要严格抓好党的建设工作，

充分发挥全面从严治党的政治引领和政治保障作用，结合当前党建工作实际和廉政风险点梳理排查情况，以及行业典型案例的深刻教训，各级党组织和党建工作部门要严格落实党中央全面从严治党重大决策部署，从政治建设、思想建设、组织建设、制度建设和作风与纪律建设入手，形成有力监督。

（一）政治建设与思想建设

立足烟草商业企业在党的政治建设与思想建设领域中实际存在的廉政风险点，把握党的政治建设与思想建设规律，结合现代烟草商业企业经营发展模式，从顶层设计到各项具体制度都进行全面统筹规划，推动形成浓厚的监督氛围。

第一，全面落实党组的主体责任。安康烟草党组作为党风廉政建设工作的领导主体、工作主体和推进主体，要时刻警惕主体责任落实，提高政治站位，坚定政治立场，强化党组的政治责任，拥护"两个确立"，践行"两个维护"，扭住责任制这个"牛鼻子"，抓住党组这个关键主体，贯彻执行《党委（党组）落实全面从严治党主体责任规定》，落实全面从严治党责任。发挥党组全面领导、协调各方的作用。深刻汲取行业违法违纪典型案例中反映出党组责任不力方面的沉痛教训。结合当前工作，落实"一把手"等"关键少数"的主体责任，落实全面从严治党的工作要求，将主体责任扛到肩上，落到实处。一是通过签订责任书的形式，将责任落实到位。党组主要负责人为党风廉政建设的第一责任人，党员干部是自身党风廉政建设的直接责任人，对于发生主体责任落实不到位需要追责的，按照有关工作规定进行追究和处罚。二是全面落实"第一议题"和"一岗双责"的责任。认真学习习近平总书记重要讲话及重要指示批示精神情况。与业务工作同谋划同部署同推进同考核，解决党建与业务"两张皮"的问题，推动党建联盟和"同心先锋"党群服务点的作用发挥，着力推动全面从严治党主体责任落地落细落实。

第二，强化党的创新理论武装。安康烟草党组要形成经常性、全面性的从严治党的思想政治教育机制，将政治建设、思想建设贯穿于党建和业务工作的全过程和全方面。一是进一步加强建设安康烟草党组理论学习制度、科级干部学习制度、党员教育培训制度等，认真研究制定党员干部和广大职工的思想政治教育计划，切实做好党员干部和广大职工的思想教育的组织实施工作，严肃党内政治生活、强化党性修养。二是深化党性教育，深入学习习近平总书记系列重要讲话精神，开展"两学一做"教育、党章党规教育，深入开展党史、新中国史、改革开放史、社会主义发展史教育、革命传统教育等。三是注重教育培训机制的创新与融合，结合新媒体开展丰富多样的学习形式，提升学习吸引力。加强思想教育和理论武装，是党内政治生活的首要任务，是保证全党步调一致的前提。

第三，落实意识形态工作责任。一是加强思想政治工作研究，认真落实上级党组织决策部署，围绕当前构建"大监督"体系的工作重点难点热点问题，将行业改革发展和思想政治工作相结合，认真总结工作实践中创造的宝贵经验，形成切实解决问题的有效对策。二是建好管好用好主阵地，定期分析研判意识形态领域情况，强化对网络舆论阵地监管，牢牢掌握意识形态工作的领导权、管理权、话语权，真诚关心涉及烟农、零售户、消费者及干部职工利益的事情，严密关注群众反映、社会动态及网络动向，做到早发现、早防范、早化解，聚力解决群众所盼、所难、所忧，严防舆情发酵失控，确保意识形态领域绝对安全。

第四，强化廉政教育。坚持思想教育、政策感召、纪法威慑相结合，对处在违纪违法边缘的党员干部和广大职工及时进行提醒和教育，抓早抓小、防微杜渐，筑牢党内监督第一道防线，从思想上筑牢防腐拒变和抵御风险的堤坝，打造政治合格、作风过硬、廉洁从政的领导班子和"忠诚、敬业、用心"的职工队伍，推动烟草商业企业持续健康协调地发展。

(二) 组织建设

为有效落实中央巡视整改要求，加强新时代党的组织建设，推进全面从严治党向纵深发展，要求高度重视党的组织建设工作。注重加强组织体系建设、组织制度建设、干部队伍建设等多项建设要件。对于烟草商业企业，加强党的组织建设，关键是要聚焦整个行业建设实际、对标实践要求，进行现实推进。

第一，以锻造干部队伍为重要任务。坚持好干部标准，坚持正确导向。一是抓好干部选拔任用的监督工作，严格根据《党政领导干部选拔任用工作监督检查办法（试行）》加强对选拔任用工作全过程的监督。二是严格运行干部的考核机制，通过科学设置考核指标体系，完善考核流程，将考核触角延伸到党建科、人事科、财务科、企管科等各部门各层次，同时加强对"一把手"、副职干部、普通职工等不同层级的监督,并加强考评结果的运用。三是严格党员教育管理监督。根据工作需要开展党员发展工作,制定党员发展年度计划,定期要求党员向党支部汇报学习和思想状况,加强在生产经营一线、青年员工中发展党员,着力把生产经营骨干培养成党员、把党员培养成生产经营骨干。四是增强党员党内生活庄重性、严肃性、规范性,坚持和完善重温入党誓词、入党志愿书以及党员过"政治生日"等政治仪式。

第二,以完善配套制度建设为根本保障。一是建立基层党建工作机构,增强基层党组织力量。二是严格落实基层党组织按期换届督促提醒制度,规范换届工作程序,把好党组织成员拟推荐人选关,认真落实党员干部选拔制度,发挥党支部在选人用人中的监督作用。三是持续推进党建联盟建设,创建党建工作新组织形式。重视企业党支部的建设,开展升级达标工作。严格执行《全市系统基层党组织党建活动经费管理办法》,强化党组织工作经费保障,确保党建工作扎实开展。四是完善党建工作考核体系。按照"组织坚强有力、党员作用突出、干事创业有为、清正廉洁高效"的目标,建立对基层单位党支部开展"督导合一、多考合一"、对机关党支部开展年度考核机制。

(三)制度建设

加强党的制度建设,扎紧权力"笼子"。党的制度建设在加强党风廉政建设,巩固发展反腐败斗争的工作中起到基础性、关键性的作用。烟草商业企业在廉政建设、防范腐败中,要解决制度缺陷,填补制度漏洞,将党的制度建设放在重要位置。

第一,系统梳理现行制度,查找廉政风险漏洞。根据当前企业党组织的实际工作和"大监督"体系构建需要,系统梳理现行制度机制,查找现行制度上存在的廉洁风险漏洞,持续开展制度废改立,确保与中央路线、方针、政策和行业上级部署要求高度一致,夯实系统内部管党治党制度基础。

第二,以现代信息技术为支撑,建立权责清晰、流程规范、风险明确、措施有力、制度管用、预警及时的廉政风险预警、防控机制,不断提高烟草商业企业预防腐败工作科学化、制度化和规范化水平。

第三,增强制度的落地执行力度、监督检查力度,保障制度刚性,推动制度建设融入权力行使的全过程,切实做到用制度管权、管事、管人,利用制度的规范力、约束力,控制权力运行,防止不廉洁行为发生。

第四，全面开展廉洁风险防控排查，健全完善权责清晰、流程规范、风险明确、措施有力、追责严厉的内控体系，促进全员担当尽责、规范履职。

（四）作风与纪律建设

加强作风与纪律建设，有助于树立烟草商业企业的形象，推动整个行业的发展，同时也是自身快速发展与稳固的重要基础。有利于深化纪律检查体制改革，防止烟草行业"四风"问题反弹，减少烟草商业企业内部的贪污腐败现象，确保烟草行业和谐稳定发展。

第一，将纪律和规矩挺在前面。坚持遵循党章党规党纪，始终把遵守党的政治纪律摆在首位，以党的政治纪律、组织纪律、廉洁纪律、群众纪律、工作纪律、生活纪律为尺子。严肃查处内外勾结、以权谋私、关联交易、靠烟吃烟、靠企吃企和基层干部员工吃拿卡要、优亲厚友等"微腐败"问题。对违规违纪行为严肃追责问责，形成震慑、警醒效应。

第二，以学习教育为抓手。全面开展党纪法规的宣传教育及常态化警示教育，深入开展廉洁文化宣传，不断增强干部职工为民服务的宗旨意识、遵规守纪的自律意识和干事创业的担当意识，打造纪律严明、作风过硬的队伍建设氛围。

第三，防范"四风"隐形变异新动向。巩固拓展"不忘初心、牢记使命"主题教育和党史学习教育成果，深化"九个有无"自查自纠及纪律作风建设自查自纠等专项治理成果，全面落实党内监督谈心谈话制度，突出抓好政治生态突出问题全面整改，标本兼治、综合治理，一体推进不敢腐、不能腐、不想腐。

三、聚焦选人用人监督，打造德才兼备队伍

（一）干部任免与管理

深入学习贯彻习近平总书记关于从严管理监督干部的重要论述和全国干部监督工作会议精神，认真贯彻落实《干部选拔任用工作监督检查和责任追究办法》，严防干部任免与管理体系中出现的廉政风险点，形成一套科学规范的干部任免与管理的机制，建设忠诚、干净、担当的高素质领导干部队伍，为烟草商业企业的改革发展提供强有力的组织保障和人力支撑。因此，要对干部任免与管理领域的动议环节、民主推荐环节、考察环节、讨论决定环节

以及档案管理都提出相对应的措施，预防可能出现的廉政风险。

第一，动议。一是年底前对下一年度到龄转任、退休领导干部进行摸底，实时更新领导班子和领导干部编配和空缺情况。重点关注关键岗位的空缺情况，以及班子缺编较多、拟提任非领导职务干部即将到龄退休等情况。二是结合岗位空缺、人选等情况，每年底制定次年度干部调配计划，经党组会研究通过后，第二年分批分次提出干部调整初步计划。三是一般由人事部门负责人向分管领导、主要领导汇报，也可征求其他局领导意见。其中配备主要负责人及一些重要岗位的，主要领导一般还要就有关人选党风廉政情况与纪检组组长交换意见。四是人事部门起草"领导班子和领导干部调整动议请示"签报，经分管领导、主要领导签字，形成正式签报。五是前置"凡提四必"，提前对动议人选干部人事档案进行审核，就有关人选党风廉政情况书面征求纪检监察部门意见，查核个人有关事项报告，同时注意听取巡察、财务、审计及其他相关部门意见。六是人事部门起草"启动推荐考察工作请示"的签报，主要依据酝酿通过的调整计划和轻重缓急程度，分批分次提出启动推荐考察工作方案。

第二，民主推荐。民主推荐结果作为干部选拔任用的重要依据之一，直接关系到选人用人的准确性。一是考察组与主要负责人沟通推荐考察方案。二是提前准备谈话调研提纲、基本条件、基本资格、干部名册和谈话名册等材料。三是召开通气会介绍情况。要介绍工作任务、工作程序，强调保证谈话质量。四是分组谈话调研推荐，汇总分析推荐情况，与前期酝酿动议情况相互印证。五是向分管人事的领导和主要领导汇报推荐情况并提出初步建议，根据领导意见决定下步工作安排。六是与主要负责人沟通推荐情况。七是审核材料。一要审核档案，重点关注前期送审后要求补充的材料或重新认定的事项；二要审核信访材料，重点关注前期上报后新的信访及查核情况；三要审核 2017 年以来个人有关事项报告（初核），重点关注是否为裸官、家庭资产是否属于查核验证情形、是否持有非上市公司股份等；四要审核近两年年度考核情况。八是准备会议推荐或民主测评等表格，并加盖人事部门公章。

第三，组织考察。一是确定考察对象。考察对象应当根据工作需要和干部德才条件，将民主推荐与日常了解、综合分析研判以及岗位匹配度等情况综合考虑，深入分析、比较择优后提出建议人选，经分管领导和主要领导同意后启动考察工作。二是分组考察谈话。一要尽量保证谈话调研推荐分组与考察谈话分组一致，谈话人推荐人选与考察对象一致的，可在谈话调研推荐的基础上进行补充评价。二要重点关注未推荐考察对象的人员意见。三是面谈。面谈时请考察对象准备近三年（突出业绩可不限近三年）工作总结，填写个人业绩信息采集表，并确认干部任免审批表中相关信息有无变化。

第四，讨论决定。一是人事部门会议主要是对提交材料进行校对审核，尽可能保证材料的质量、一致性、准确性。二是起草干部职务调整动议方案签报。三是起草干部任免酝酿沟通情况表，提交分管领导和主要领导审核。四是在党组会召开前，采取请其他党组成员分别就干部任免酝酿沟通情况表签字方式征求意见。五是集体讨论作出任免决定。

第五，公示任职。一是党组会议研究通过后，进行任职公示。二是公示同时同步书面征求组织部门意见。三是组织部复函同意、公示无问题、法人审计结果不影响任职的，起草任职文件。四是将任职文件报局领导签发，领导签发后印制文件。五是确定并沟通任职宣布时间。六是任职宣布。七是下发任免文件。八是整理任免文书档案并归档纪实。

第六，档案管理。依据《干部人事档案工作条例》从严管理，加强干部人事档案工作监督，扫清问题障碍，突破瓶颈。干部档案缺失、档案造假等现象时有出现，档案管理环节存在着亟待解决的廉政风险，在此环节体现良好的监督，可从以下三点着手：一是在维护档案安全方面加强监督。重视干部档案信息的安全，定期开展安全检查。二是强化对策监督。认真开展自查自纠工作，纠查利用职务便利篡改伪造档案、故意转递、接受、抽取、撤换、归档等违规行为管理人事档案、擅自提供、摘录、复制、拍摄、保存、丢弃、销毁干部人事档案等行为，全部找出来，改过来。通过细化责任、明确任务，建立自上而下的监督体系。通过奖惩问责机制，对上述弄虚作假行为严惩不贷。建立健全档案管理制度，形成档案建立、接受、保管、转递、移交、查阅等科学化机制体制，确保落到实处。通过对档案管理环节进行的强有力监督，解决现实难题，预防廉政风险。

（二）普通职工录用与管理

在任何系统中，不担任领导职务的普通职工人数众多，所占比重大，在企业的经营管理、安全生产等方面发挥着重要的作用。针对新时代企业高质量发展的迫切需求和普通职工的实际情况，构建一个科学合理、高效可行的普通员工录用与管理制度，做实各个环节监督工作，防范廉政风险已成为本企业管理者不容回避的问题。

针对前一章人事管理领域所提出的廉政风险点，提出以下对应环节的廉正风险防控措施。一是公开招录阶段，严格按照工作实际需要设定工作岗位，招录计划要进行充分论证和层层把关。在笔试资格初审和面试资格复审方面，都要严格对招录人员信息进行审核，并留有存档。考察应当由 2 名以上工作人员负责，强化负责人的责任心和职业道德，同时遵守党管干部原则和重大事项集体负责的原则。二是休假考勤，通过严把审核和程序，督促干部按照规定履行手续，使其行为符合规定要求，同时强化备案存档制度，防止人为性和随意性。三是员工工资待遇和福利待遇，坚持严格审核，层层报批，强化纪律，认真记录各种人事上的变动，防止出现纰漏。四是人事档案管理，可参照前述内容。五是考核方面，严格按照有关规定工作方案，明确程序、分配名额，同时做好层层审批工作，落实公示制度、投票制度，防止暗箱操作。

四、紧盯议事决策，促进"三重一大"规范化

加强对"三重一大"制度的有效监督，是新时期烟草商业企业党风廉政建设的重点。研究"重大事项决策、重要干部任免、重要项目安排和大额度资金使用"，要充分发扬民主，做到依法决策、集体决策、科学决策和民主决策，不断提升决策的科学性和民主性。对于议事决策的监督要结合具体事项的开展流程，发掘新的监督形式。

（一）重大事项决策

严格遵守国家法律法规、党内法规和上级政策、决定、措施，确保决策合法、合规。集体讨论决定重大决策事项，防止个人或者少数人说了算。坚持求真务实，在深入调研论证、征询专家意见的基础上，审慎作出决策。坚持合法性审查，注重发扬民主，广泛听取意见和建议后作出决定。

第一，议题确定。一是严格审查上会议题。首先，要尽早确定议题，并且提前汇总，安排上会，确保议题所依据事实真实、数据准确。其次，上会议题及材料，必须深入开展调查研究，充分酝酿沟通。对于专业性、技术性

的事项必须进行专家论证、风险评估等，形成说明书、论证报告、调查报告等材料。二是广泛征求意见。正确履行征求意见程序，如重要人事任免要履行民主推荐或开展讨论决定；重大项目要事先经过集体讨论、法律咨询环节；涉及职工利益的议题要征求工会意见等，同时纪检监察部门、工会等部门要正确履行职责，对议题提出负责任的意见和建议。

第二，集体决策。议事守规矩，才能形成科学决策。明确参会人员范围，领导班子成员全体参与集体决策，各部门相关负责人可根据工作需要参加会议，出席会议人数应该达到应出席人数的 2/3 以上。主要负责人不得会前打招呼、定调子，会中不得引导大家的意见，坚持末位发言。在尚未正式公布会议决策时严格保密，禁止擅自向外传播和泄露。严格执行回避制度。会议决定的事项，应明确落实部门和负责人。重大事项的决策情况，要形成会议纪要、记录等文字材料，参会人员在核查之后签字，记录人员要对参与人员、决策事项、决策过程做好详细记录，特别注重对不同意见的详细记录，不得不经批准而随意借阅或者超范围下发等。依照法定程序召开会议，发表意见，形成决议，不得以传阅、会签或个别征求意见等方式作出决策。

第三，决策执行。对于形成的决议，企业领导班子成员按照分工组织实施，任何部门和个人不得擅自改变或拒绝执行。决定的事项由相关部门负责人督办，及时将执行情况向负责人汇报，形成对决策的跟踪反馈机制，对决策结果综合评价，及时发现和纠正在执行环节出现的差误，及时调整、完善决策方案。建立健全相应的责任追究机制，依据本人的责任范围，明确领导责任、集体责任或直接责任等，如给企业造成重大经济损失和严重影响的，对不履行或者不正确履行决策程序，不执行或擅自改变集体决定的，个人决策事后又不通报的，隐瞒真实情况而形成错误决定的根据事实、性质、情节承担相应的责任。要坚持"三个区别开来"，鼓励干部担当作为。把干部在推进改革中因缺乏经验、先行先试出现的失误和错误，同明知故犯的违纪违法行为区分开来；把上级尚无明确限制的探索性试验中的失误和错误，同上级明令禁止后依然我行我素的违纪违法行为区分开来；把为推动发展的无意过失，同为谋取私利的违纪违法行为区分开来。

（二）重要人事任免

加强烟草商业企业的廉洁风险防控，必须从领导干部抓起。在重要干部任免方面，坚持党管干部原则，深化干部人事制度改革，加强后备干部队伍建设，完善干部选拔任用机制。坚持领导干部大会述职、大会测评、大会公布测评结果，并将测评结果与领导干部奖惩任免挂钩。制定权力清单，根据职责范围和"权责一致"的要求，明确领导干部行使职权的条件、程序、要求和监督方式等，建立起"权责明晰、程序严密、运行公开、制约有效"的权力运行机制。

在本章"干部任免与管理"一节中，明确了如何加强对干部选拔任用的监督，提出了防范廉政风险的做法，可参照上述内容，严格对重要干部任免的决策、程序、制度、标准等关键要素进行监督。

（三）重大项目安排

安康市局（公司）的重要项目安排主要包括重要设备和技术引进、大宗物资采购以及重大工程建设项目。加强对重要项目的论证、立项、实施等全过程监督，在对重要项目的监督方面要明确"重要"的范围，强化协同监督，整合监督资源，形成监督合力，构建业务监督、职能监督、纪检监督三道防线。

第一，建立业务管理防线。加强重要项目溯源管理，落实长效机制，筑牢第一道防线。按照"业务谁主管、监督谁负责"的要求，项目审批单位按项目立项批复文件精神和行业相关技术规范、控制指标等规定，认真开展初步设计审查工作，强化项目单位、业务部门的监督意识，使其专业优势得以充分发挥，在调研设计、确定技术路线、设备选型、合同签订、结算等环节都严格把控，做好审核工作。要积极主动落实"一岗双责"，从业务领域排除廉政风险，确保在项目每一个业务环节和流程中都严格履行程序，强化监督管理，从源头上防控廉洁风险。

第二，建立职能监督防线。各个职能部门实施好过程监督，重点落实对责任领域的监督体系建设工作，形成完备的监督计划，围绕重点项目的资金、设备、信息，对重要项目的末梢资金流转、工程成本效益、诚信经营问题等高风险领域实施监督。同时综合运用市场网络等手段，检查精准定位问题，强化立查立改，运用通报批评、经济处罚、考核、组织处理等手段，强化问责，落实管理闭环。

第三，建立执纪监督防线。各级纪检监察、巡视巡察和审计部门发挥

"监督再监督"作用，将监督工作以及监督内容实行项目化管理，开展专项监督检查，并逐步提高监督质量和科学化水平，开展廉政风险问题分析研判，综合情况整合监督力量，建立左右联动、上下贯通的工作机制，层层压实监督责任，形成横向到边、纵向到底的监督格局。

（四）大额资金使用

大额度资金使用的事项，主要包括烟草商业企业年度预算内大额度资金调动和使用、超预算的资金调动和使用、对外大额捐赠和赞助等事项。重视对大额资金使用的监督管理，是提高资金使用透明度、增强大额资金运转效率的有力保障，也是系统性防范廉政风险的一个重要环节。

第一，加强对决定权的监督管理。从资金议题提出开始，对事项要进行项目必要性、可行性、合规性、科学性调研审查论证，相关职能部门组织力量从技术上可行、经济上合理、能取得预期效果上进行论证，按程序进行初审、前置性审查、部门会审、论证咨询、法律审查和签报审核，提交决策机构审议。

第二，建立资金总体情况报告制度。建立资金使用反馈机制，完善资金审核程序，建立资金使用情况报告制度，履责主体是承担任务的部门和单位。一旦发现廉政风险问题，能够及时处理、纠正，将大额资金运转风险降低到最低程度。在事前、事中和事后及时报告，定期审核与不定期审核相结合，这是把控、监督资金的重要环节，也是检查各项决定执行情况的程序。

五、实施招标采购全过程监管，实现招标采购规范化

招标采购领域腐败现象多发且引诱因素众多、内外部关系复杂。为加强对该领域的廉洁风险防控，规范烟草商业企业招标采购行为，需紧扣招标采购实施过程的关键环节，同时重视对关键岗位、关键人员的监督与管理。无论是对工程、物资还是服务的采购，都必须遵守相关法律法规并依法接受监督，不断实现采购工作更加公正、公开、科学、透明。

（一）采购项目计划决策

切实加强对采购计划决策的监督，提高决策的民主化、科学化、专业化水平，是保证采购工作公正、公开、科学、透明的前提。通过对法律、制度的严格遵守，严格开展决策程序的监督，将监督融入决策环节，增强采购项目的必要性、经济性、合规性。

根据《陕西省烟草公司安康市公司"三项工作"管理委员会工作规则》的相关规定，"三项工作"管委会作为采购决策机构，对采购项目的科学决策、民主决策、依法决策发挥关键作用。防范决策环节廉洁风险，其一，要加强对管委会组成人员在履行职能、严格遵守工作规则的监督，避免管委会成员利用相关权力徇私枉法、谋取私利，损害企业利益。其二，健全采购工作的议事规则和管理制度，要根据企业的发展实际、采购具体事项等因素，对不合理、不规范、有漏洞的规则和制度及时立、改、废、释，由此也能最大程度上避免相关工作人员利用制度漏洞逃避监管。其三，对于采购计划的审定过程及结果实施监督，或者定期核对、检查决策事项，对违反决策规则和程序或因故意决策失误的直接相关责任人按照相应规定给予一定惩处。其四，严格遵循集体审议规定，避免个别成员搞"一言堂"。可采用各种监督方式，如检查决策会议记录、企业职工列席会议、视频记录会议过程留案备存等方式。其五，坚持落实决策公示公开，让采购工作沐浴在阳光下，同时对相关人员提出的意见、建议及时解答。其六，加强对管委会成员及其他相关工作人员的廉洁自律教育，提高项目管理人员的廉洁自觉。

（二）采购实施

在采购实施过程中，相关工作人员拥有较大的操控空间，若监督不到位，极易发生廉洁风险。其一，要结合烟草商业企业的工作实际和需要，认真按照《安康市烟草专卖局（公司）"真招实招"实施细则》开展招投采购工作。其二，加强采购工作规范化、专业化水平，保证采购公正、公开、透明，减少采购工作的随意性和盲目性。可定期对采购实施是否符合采购计划、是否按照批复进行采购工作等情况进行检查，尤其是对招标文件、采购合同的复查、复审工作，并对发现的问题及时反馈。其三，建立采购责任追溯机制，形成采购操作过程和操作结果信息的完整记录，以便复查，采取"谁采购、谁负责"原则。其四，严禁采购工作负有领导职责的领导干部随意插手采购活动，对相关领导干部打招呼、请托行为进行记录备案并及时向监督部门汇报情况。其五，及时对于采购工作的必要事项进行公示公开，接受本单位职工的监督。其六，对相关工作人员有操纵采购工作、串通供应商或为其提供便利、为自己或亲友牟利等行为，一经发现，按照相关规定处理。若对违规行为采取宽、松、软的态度，只会导致采购工作的廉洁风险难以控制。

（三）合同签订履约

从宏观上来说，要制定合适的履约机制，落实各方主体责任，提高依法履约的法律意识，形成长效的监督管理机制，依法经营，诚信履约。其一，做好合同履约全过程监督，明确合同内容，严格对标起草合同，严格对照合同履行约定。其二，对履约过程中发生的转包、违约分包等违法行为，及时按照法律及合同约定进行处理。其三，引入责任机制，有效提升履约水平以及工作水平。对于履约过程中的违法违规现象，及时制止并根据损害后果追究相关责任人责任。

（四）项目验收

验收是检验履约质量的重要手段，是评价采购效果的最直接方式。通过验收评价项目的进展、质量，对于存在问题的，及时提出相关整改意见。其一，明确验收环节的地位，建立健全企业的验收主体、验收程序、验收参与人员、验收办法等具体细节制度，形成完备的制度链条、严密的制度防线，推进依规验收、廉洁验收。虽验收体现为事后监督，但若对验收事项监管不当，尤其是大型工程类，会造成严重损失，不可不引起重视。其二，验收工作落实到人，并定期调整，建立验收工作人才库，每次随机抽取相应人员组成验收小组，避免验收人员长期固化所带来的各种廉洁风险。其三，对于验收人员与对方串通、不按标准验收、默许对方偷工减料、索要好处或收受贿赂等行为，要严肃处理，从验收人员队伍中剔除并追究相关责任。其四，验收情况及时公示公开，制作验收情况单并汇总备案，接受企业职工以及社会监督。虽然验收环节处于整个采购工作流程的末端，但仍要注重对验收工作的事中监督，发现问题及时指出并追踪整改，不应只注重对于验收结果的监督。

（五）供应商管理

严格供应商基础管理。要完善供应商动态评价、退出、补充机制，加强对供应商的关联关系审查和合同履约管理，在与供应商签订采购合同时，一并签订廉洁合同，并进行在供供应商警示约谈，供应商违反廉洁承诺的，根据合同约定对其采取降低考核评价分数、缩短服务期限、终止或解除合同、列入"黑名单"等处理措施。

加大对供应商不良行为的惩戒力度。严格落实《中国烟草总公司对行贿供应商实施禁入措施的通知》（中烟办〔2020〕85 号）要求，将行贿供应商列入"黑名单"。同时，对存在提供虚假材料谋取中标、成交，采取不正当手段诋毁、排挤其他供应商，与采购人、其他供应商或者招标代理机构恶意串通，向招标代理机构行贿或者提供其他不正当利益，拒绝有关部门监督检查或者提供虚假情况等不良行为的供应商，以及在代理行业采购业务中存在收受贿赂、恶意串通、开标前泄露标底、伪造变造采购文件等违法行为的招标代理机构，各单位应将其列入本单位"黑名单"，并采取相应的惩处措施。

利用身边人、身边事开展警示教育，提高采购相关人员依法采购、廉洁采购意识，严格执行制度，坚决维护制度。采购相关人员要与供应商建立新型"亲清"供需关系，不得委托供应商买卖股票、向供应商拆借资金、要求供应商为子女亲属安排工作或者索取其他不正当利益等。与供应商有利害关系的人员，应当在采购活动中申请回避，对违反相关规定内外勾结、谋取私利的，要依规依纪依法严肃处理。

六、健全财务管理，实现安全高效

财务管理中，要深入分析企业财务预算情况、投资项目情况、运营成本情况等，排查各项指标可能存在的风险，始终以内控制度为依据约束财务活动，不断优化财务审批流程，有效提升财务管理质量和效率，防范化解企业经济运行各类风险。

（一）预算管理

首先，将所有开支纳入全面预算管理，通过预算委员会公开透明决策形成预算方案，无预算不得开支。未经研究和审批，超预算开支要追究相关人员责任。严格单位内部资金拨付的审批程序，明确单位内部资金审批的权限，充分利用行业资金监管系统等信息化手段，严格实行资金的授权审批。每月及时进行银行对账，及时查明未到账项原因并进行处理。其次，优化编制预算方法，采用以零基预算为基础、滚动预算和弹性预算相结合的方法，提高预算编制的准确度。再次，严格执行预算监督考核机制，建立内部审计与外部审计相结合的审查方式，对预算执行进度、执行效果和存在问题，进行适时跟踪，提高预算执行的力度。最后，完善预算控制制度，明确预算编制相关要求，细化量化预算项目，落实预算管理相关责任，提高预算管理的规范度。

（二）财务内部管理

实现财务内控制度流程全覆盖。财务的预期、立项、资金规划等各项环节都应该和财务内控制度相挂钩，将财务活动的后果预期与财务预算制定相结合，将财务资金立项和财务预算审批相结合，将财务资金规划和财务预算执行相结合，将财务内控制度嵌入各项业务工作当中。加强会计稽核和审计监督，杜绝虚列支出或隐匿收入、虚假会计核算、虚假资产盘亏报废、违规插手卷烟经营等行为。在申报和批准环节除了要符合部门的实际工作需要还要符合财务内控制度的标准，管理和监督齐头并进，切实做到风险管控。建立财务内控管理不相容职务相分离制度，划分不同的职责和分工，相互约束、相互监督、相互配合，对关键岗位实现轮岗制度，确保财务内控管理责任落实到个人。

创新财务内控形式。在财务内控管理工作中融合信息技术相关手段，建立信息技术与财务内控管理相结合的新模式，通过人民银行系统查询银行账户使用情况，对银行账户的使用、管理定期检查，防止开户行与财务人员勾连，资金支付通过 NC 系统与资金管理系统生成电子支付流程，出纳无权修改电子流程，并通过网络对银行支出实时监控，尤其是对大额支出，非正常支出收入异动进行监控，提高财务内控管理的信息化含量。

严格财务审批流程。首先，应建立独立的财务内控管理审批流程，明确相关人员职责，规范业务审批流程，严格审批时间要求，统一业务办理所需材料，实现财务内控管理标准化。其次，要高度重视审批程序，杜绝让别人代自己签字、签字不全的业务审批等现象。向外提供本单位会计信息，需符合法律规定，并经单位领导同意，在接受外部审计、税务代理、系统维护等工作中与合作方签订保密协议，建立内部稽核制度，实现财务内控管理统一化。最后，实行财务印鉴分开保管，印鉴及其他财务档案使用需履行审批登记程序。

完善内部审计制度。首先，应按照财务内控制度的相关要求建立内部审计制度，明确内部审计范围、职责和相关要求，确保单位所有人员和业务都在其审计范围内。其次，成立内部审计部门，内部审计人员应保持独立性，独立于财务部门和业务部门，以保证其更好地发挥其内部审计的职责。最后，建立完善的责任追究制度，内部审计部门根据职责，对各项业务活动开展进行追踪审查，奖励优秀，鞭策落后，确保财务内控制度全面落实。

建立外部联动机制。联合法规、审计、纪检、人事等相关单位建立外部联合机制，对财务内控制度建立、执行、落实情况进行追踪调查，及时发现财务内控管理中存在的问题，并反馈整改措施，确保财务内控管理制度按要求开展。

（三）资产管理

严格执行资产管理规定，认真核对，确保账实相符。落实管理责任，常态化开展资产清查。制定资产清查工作方案，在全面清查的基础上，完善本单位资产管理信息系统，为固定资产上"户口"，办理登记入账手续，建立资产台账，及时掌握资产使用和管理状态，为相关资产处置提供依据。做好资产日常管理工作，注重运用信息化手段做好日常运行维护，提高管理效能。同时，要加强日常定期盘点，针对部分资产使用人、存放地点等信息更新不及时的问题，建立变动资产按季度更新机制，为每件固定资产制作二维码标签，确保每件资产都有"身份证"，随时能溯源，实现固定资产动态管理。

（四）资金管理

加强资金管理，要将维护资金安全放到首位，严禁委托理财，严禁证券投资，严禁对外担保。多元化投资要严格履行多元化投资决策和审批程序，尤其是重点加强多元化企业再投资项目的监管，严禁未经批准乱投资，严禁越权审批，严禁拆分项目规避审批。严格单位内部资金管理。单位的所有开支要纳入全面预算管理，通过预算委员会公开透明决策形成预算方案，无预算不得开支。未经研究和审批，超预算开支要追究相关人员责任。严格单位内部资金拨付的审批程序，明确单位内部资金审批的权限，充分利用行业资金监管系统等信息化手段，严格实行资金的授权审批。

（五）"小金库"管控

建立防治"小金库"长效机制，严格执行《烟草行业银行账户和存款管理暂行办法》（国烟财〔2016〕218号），按照分级管理的原则对行业工商企业的银行账户实行审批、备案程序，进一步清理、精减、归并各单位现有银行账户。单位银行账户的开设、银行存款调度要履行办事公开、民主决策程序，不得暗箱操作。充分利用现代信息化技术，将信息化技术同单位财务内控管理相结合，逐步实现自动化控制，减少人为干预，提高防范"小金库"风险的效率和效果。

七、抓好源头监督，规范烟叶生产收购调拨

严格按照收购计划组织烟叶生产，紧盯种植计划、收购调拨等重点环节，依规依纪依法强化过程管理。

（一）分解烟叶种植计划

通过走访烟农以及对交售烟叶的信息与计划合同中的数据进行比较，发现未交售烟叶或未达到交售烟叶正常数量的情况，及时查明烟农在烟叶种植中遇到的困难，有针对性地对烟农进行帮扶，保证种植合同的有效执行，更好地落实国家烟草专卖局推行的烟草"双控"政策。建立烟农信用监管体系，利用烟叶大数据针对烟农往年交售数据、生产技术落实情况以及合同履约质量等进行分析，确定不同信用等级的职业烟农。同时，根据信用体系的差异为烟农提供差异化的生产服务，高信用等级的烟农在计划分配、烟苗供应、物资供应、专业化服务、预检收购、设施配套、银行贷款担保、种植保险、土地流转和教育培训等方面享受优先服务。注重山区烟叶基础投入，积极争取基础设施建设配套项目，烟叶种植计划要与当地的生产、生活相结合，注重对山区烟叶种植配套设施的建设，进一步夯实烟路、烟水、烤房、农机具等基础设施建设。

（二）落实烟叶种植面积

运用 GIS 技术，结合烟田地理位置、田块面积大小、基础设施配套以及劳动力等情况进行科学分区，实现烟田生产要素、土地要素、劳动力要素的有效衔接，通过平台实时查询各乡镇基本烟田土壤理化指标、配套基础设施、所属烟农基本信息、生产季节当地劳动力情况等信息。利用土壤墒情设备、农残检测设备、气象服务设备、病虫害监测设备和叶面积测量仪等仪器设备，确定最佳施肥配方，实现病虫害科学防治和农残精准控制。合理布局烟叶生产，应结合山区、平原、丘陵等不同地形烟叶生产的实际情况，进行合理布局。对老烟区进行合理优化，实行区域化种植，合理轮作。无水源地块向有水源地块转移、坡地向平地转移、山地烟向田烟转移、分散种植向集中连片

种植转移、散户种植向大户种植转移。

（三）烟叶育苗

利用水肥一体化设备、精准环境监测和人工智能培养箱等设备，实现育苗远程管理、在线质控、远程诊断和监视。要集中育苗，统供品种，提高山区烟叶的集约化水平，实行烟叶育苗专业化、商品化，逐步取代原来小农分散的育苗模式。要合理利用气候资源，扬长避短，合理利用光热资源，科学开发烟区转移，缩短移栽周期，在最佳节令移栽，确保烤烟田间生长的整齐度，保证烟叶的质量。

（四）烟叶收购与调拨

1. 收购时间监管。烟叶收购期间，对烟叶收购操作加强检查和监管，防范通过开具假码单套取烟叶收购资金的违规行为。

2. 烟叶过磅监管。在烟叶收购过程中，对烟叶收购中的过磅烟叶记录进行比较和分析，依据烟叶等级、重量以及烟叶交售时间，发现那些等级和重量高度相似的不同批次的烟叶，防止烟叶收购工作人员重复过磅，套取烟叶收购资金，防范烟叶收购过程中的"人情烟"和"关系烟"，保障收购烟叶的等级以及收购资金的安全。

3. 烟叶发票监管。在烟叶收购中，根据烟农交售时间的先后顺序，依次打印烟叶交售发票。烟叶发票监管可以通过比较烟叶过磅交售时间和发票码单号的先后顺序及连续性，发现异常发票，进而发现违规事实。

4. 烟叶库存监管。对收购点的入库烟叶、调出烟叶以及库存量等数据信息进行实时监管，实现为合理规划收购点的物流调运工作提供科学依据，从而避免收购点因调运不及时造成库容饱和现象，以及收购点的库存烟叶因长期得不到调运而造成烟叶霉烂现象。

5. 烟叶调运监管。通过对烟叶收购点的出库情况、烟叶中转站的入库情况，以及烟叶在途重量的数据进行分析比较，发现烟叶在调运中是否存在烟叶丢失、盗取等现象，及时发现烟叶调运中的违规行为，为烟草公司及时分析原因、追究责任以及索赔提供依据。

八、全程监管卷烟营销，改进服务质量

深入推进市场化取向改革，健全适度竞争格局，完善营销监管机制，增强服务为本意识，提高服务客户质量，提升服务消费水平，充分彰显行业的责任与担当。要全力保障供需平衡，健全市场监测体系，完善市场调控体系，顺应实体零售转型趋势，准确把握零售终端发展方向，加快推进现代流通企业建设。要顺应专业化队伍转型趋势，狠抓政治能力提升、专业能力建设、工作作风转变，努力打造高素质营销队伍。要顺应数字化转型趋势，加快营销平台建设，加大营销创新力度，推动营销管理转型，全面提升营销领域治理效能，实现行业高质量发展。

（一）采购计划编制

卷烟营销部门要形成科学有效、规范合理的采购计划编制步骤，确保采购目标、采购数量、采购时间、调拨计划、投放计划、质量目标等与实际需求相匹配，避免库存短缺或积压，给企业造成经济损失。一是开展消费调查，对辖区内零售经营户进行市场调查，分析片区市场需求、消费群体、消费偏好、品牌动销以及毛利率等具有市场导向的信息。二是分析历史数据，根据历史销售情况及当地社会经济发展态势，预测卷烟需求总量及结构，确保预测方法科学合理、基础信息真实有效。三是把握关联部门数据，定期进行仓储盘点，确定卷烟库存品种和数量，统计质变商品，分析形成滞销原因及质变原因等。四是确定需求信息，基于相关要素分析，总体把握市场需求变化趋势，确定年度需求总量，结合年度需求预测、品牌市场表现、季节因素拟定采购计划。五是强化采购计划审批，逐级落实计划收集、汇总分析、部门确定、领导审核、会议审定等各环节责任，提升采购计划编制审批的严谨性。

（二）品牌进退

卷烟品牌进退管理的目的是推动市场经营主体充分尊重市场竞争作用，建立健全品牌评价体系和品牌进退机制，适时清退不适销品牌，优化卷烟品类布局，使在销品牌更好地适应本地市场真实需求。掌握品牌评价制度及评价资料，排查是否根据品牌评价制度定期对所有在销品牌进行评价，是否依据评价结果引进或退出品牌。查看品牌进退规则及相关工作底稿，核实新品牌的引入是否符合规定程序、是个人决定还是集体研究，排查是否存在从工业企业购进"人情烟""关系烟"和"两烟互换"等情况，排查是否存在未落实评价结果、应进未进、应退未退的情况。查看品牌进退规则及执行结果，核实是否制定量化的品牌退出规则，是否将品牌进退规则固化到卷烟营销系统以及是否将规则及其执行结果对工业企业进行公开。通过建立外流卷烟品牌退出机制，严格规范卷烟生产经营秩序，倒逼品牌培育、精准营销工作，使商业企业更加珍惜品牌、爱护品牌，让卷烟营销工作与规范经营更加紧密地联系在一起，更应加强品牌退出的严格监督和管理，增强危机意识和精细意识。

（三）客户服务

客户服务环节与卷烟零售客户联系最紧密，在实施等级管理、个性化服务、推荐新品牌、引导消费等方面发生廉洁风险的可能性大，必须加强监督管理。重视客户服务队伍管理，及时防范风险。客户服务行为涉及烟草企业内部风气、作风、素质、面貌，代表着烟草企业的对外形象。加强客户服务队伍管理，严格把控服务岗位的储备要求，要对其绩效、日常表现、能力、专业、学历、年龄等多个方面进行全方位考察，将综合排名靠前的职员列为主要储备对象，在诸多储备对象中进行精准筛选。注重培养客户服务人员良好的职业道德素养和自律自省意识，将禁止性规定、行为准则、违规罚则和各项流程要求制成明白纸，使客户经理明确红线，掌握底线，筑牢防范风险的第一道屏障。健全客户服务人员与客户联系业务的工作报告制度，既增强报告的针对性、有效性，又要减少报告工作对客户经理的时间占用。制定定期与不定期相结合的分级述职述廉制度，既要报告工作开展情况、业务办理情况，也要有对制度规定、风控措施的掌握情况，还要有对其他客户经理异常情况的报告。

健全走访制度，创新回访机制。通过走访掌握了解客户服务人员的"工作圈、生活圈、社交圈、消费圈、朋友圈"状况，及时发现异常行为和风险苗头。拓展走访形式和走访空间，探索实施客服电话回访机制，建立多层次、全方位走回访制度，形成对客户经理违规行为的多视角监控态势。深化检查监督，实行倒查联动。发挥好客户服务人员自我检查、业务部门督导检查、内控部门常规检查、纪检监察部门专项检查的作用，尤其是鼓励自查自纠，对客户服务人员自查发现的问题要减轻或者免予处罚，同时保持适当的正面监控态势。要深化检查监督机制，建立现场与非现场、常规性与突击性、直查与倒查互补联动的检查模式，持续改进和提升客户经理日常管理和监督检查的针对性和有效性。

深化整改问责，创新追究机制。实行"双线整改、双线问责"机制，客户经理对具体问题整改效果负责，所属部门对同类问题系统整改效果负责，并弥补在制度、流程、机制方面存在的缺陷。建立销售、专卖、纪检等部门共享信息、联动查处机制，实现卷烟营销监管平台数据与专卖内管、纪检等有关部门一网共享，落实"一案双查"，充分发挥责任追究的惩戒和警示作用，运用降低职级、暂停资格、取消荣誉称号等连带追究手段，使问责后果与客户经理长远利益挂钩。

（四）货源分配

在精准划分零售户档位基础上，对货源进行分类。加强市场调研，科学研判订单采集信息，严格执行订单采集有关制度规定。将货源分为紧俏、畅销、顺销货源等不同类别，通过量化手段对货源分类，结合新划分的零售户档位进行匹配，严格遵守执行货源衔接计划，做到公平、公正按需采购，将所有货源投放与订单数据集中在平台上生成和存储，实时形成订单，实时削减库存，实时跨行结算，实现商流、物流、资金流、信息流全过程可视化。依靠数字技术进行信息追踪，烟草公司能获取更细致的零售户档案，并与之密切沟通。严格执行考评标准，遵守执行品牌引入制度，科学签订购销协议，打造符合市场实际需求的终端建设工程。在充分了解零售户信息的基础上，烟草公司开发信息化平台，用分类预测等方法建立零售户数据库形成货源分配数字化模型，利用数据预测未来需求。通过建立卷烟配送异常分类标准系统，提高预警处置针对性的有效方法，更好发挥预警的警示作用，从源头避免持证户卷烟非法流出现象的发生。

（五）样品烟管理

加强样品卷烟统一管理，品牌管理员负责样品烟日常管理工作，内勤负责登记收、发、存台账，每月底进行盘点，确保账实相符。对宣传促销烟实行全流程痕迹化管理，建立使用、仓储、物流等环节的台账，并保存好使用、库存、活动方案和审批流程等相关记录和资料，相关记录和资料留存备查。明确相关部门的使用范围、监督职责，对异化样品卷烟用途、违规收送样品卷烟以及利用样品卷烟谋私牟利等行为监督检查。每半年对样品卷烟的适用和管理情况进行自查，并实行定期报告制度，经自查发现存在违反样品卷烟管理的行为，依法依规严肃追究责任。

九、加强烟草专卖监督管理，推进依法行政

烟草专卖执法呈现权力集中封闭、监管对象广泛等强权特征，也正是基于以上特征，专卖执法暴露出较多的廉政风险点，廉政风险易发、频发。要统筹内部职能监督、外部群众监督以及事前、事中、事后监督，确保严格依法行政。

（一）建立专业化、高素质执法队伍

坚持政治理论学习，提高执法人员政治素养，树立坚定的理想信念，把"国家利益至上、消费者利益至上"的行业共同价值观始终作为工作的第一动力。纪检监察部门定期开展党风廉政教育，尤其是一线执法人员的廉政教育工作，不仅数量频次要跟得上，还要注重实效，方式方法灵活多样，做到廉洁自律理念深入人心；人事部门对相关执法人员、干部的考察考核环节要严把政治关，将政治素养、廉洁意识作为考察执法口干部、职工的首要标准，从根源上保障执法队伍风清气正。

扎实的专业知识要求执法人员首先知法、懂法、精法，对行政执法所涉及的法律、法规、规章有准确的把握；其次，法规部门应组织常态化的执法培训，尤其涉及法律、法规发生变动时，保障第一时间进行配套修改、学习适用新内容；最后，适时开展烟草专卖执法相关宣传、竞赛活动，让良性竞争促进专卖执法知识再学习，提高执法人员学习法律知识的积极性、主动性。

（二）行政许可

行政许可作为一种管理制度，是行政管理中的重要手段之一。法律、法规赋予烟草行业行政许可权，不仅是国家对社会经济活动进行宏观管理的重要手段，同时寄希望于烟草行业通过以合理分配、利用有限资源来达到切实维护国家利益、保障广大消费者及人民大众权益之目标。区别于烟草商业企业内管闭环管理的特征，行政许可是市县两级烟草专卖局的主要对外窗口，是执法人员与人民群众的桥梁。卷烟受众群体广、利润高，导致烟草专卖零售许可证呈现"一证难求"现象。将行政许可纳入"大监督"体系进行监督，应由以下部门发挥合力，落实对行政许可的全过程监督。

1. 加大许可证核发巡察力度。经调查问卷数据统计，烟草专卖零售许可证新办与延续是潜在客户与卷烟零售户重点关注环节，也是最容易引发廉政

风险的环节。在许可证核发环节应当组织专班力量深入政务服务大厅办事窗口、许可证临期商户店铺等进行检查；对于许可证核发环节所涉及的违法违规举报线索，纪检监察部门应在原举报投诉清查台账的基础上加大调查力度，不能仅以电话回访作为唯一标准；涉及有关廉洁举报投诉时，第一时间上报相关主管人员，并由负责人会同其他部门组成调查团队进行调查，确保违纪违法打击不留死角。

2. 落实规章制度，明确权力清单。安康市烟草专卖局在行政许可领域制定了许多办法、细则，如《安康市烟草专卖局派驻地方政务大厅行政许可岗位工作指引》《安康市烟草专卖局行政许可责任追究办法》《安康市烟草专卖局行政许可"好差评"制度》《安康市烟草专卖局行政许可全过程记录操作规则》等一系列规范性文件。有了完备的办事履责制度，还需要严格落实和精准实施，杜绝制度规范流于形式、置于高阁。法规部门需承担起监督监管的责任，定期进行制度规范贯彻落实的检查工作。在监督过程中发现不按规章制度行使行政许可职权的行为进行存档记录，逐层上报，最后提交联席会议通报处理。

3. 做好信息公开，接受社会监督。市、县两级烟草专卖局应加大公示公开力度，对于属于主动公开的事项应及时、准确向社会公开。如依法在办公场所公示办理许可证、准运证的条件、要求、程序、时限等需公示的内容；对属于本级烟草专卖行政主管部门法定职权范围内，提交申请材料齐全、符合法定形式的申请，应当在规定时限内办理。协同监督部门不定期对零售许可证、准运证审批进行监督，并对许可对象和不许可对象抽查回访。还应及时将零售许可证、准运证办理情况向社会公开，接受公众监督。

（三）市场监管环节

1. 严格贯彻行政执法三项制度。《中共中央关于全面推进依法治国若干重大问题的决定》中提出，要推行行政执法公示制度；完善执法程序，建立执法全过程记录制度；严格执行重大执法决定法制审核制度。上述三项制度对推进国家治理体系和治理能力现代化具有重要意义。烟草专卖系统履行行政执法职能必须将三项制度融入专卖工作中，尤其是履行行政检查、行政强制、行政处罚等权力时，要制定"处罚清单"并向监管对象公示公开，保障监管对象懂法、知法；在履行调查、检查过程中，明确对被监管对象检查的工作细则，规划构建"执法人员库"，行政检查随机抽取两名以上工作人员，严格按照《安康市烟草专卖局管服融合工作规范》中规定的程序开展工作，依照《安康市烟草专卖局行政执法全过程记录办法》规范执法过程文字、音像记录，实现监督检查全过程痕迹化和可回溯管理。在涉及重大执法决定时，坚持落实重大执法决定法制审核制度，组织专业人员严格遵守审核程序，保障执法决定合法合规。

2. 市场监管与监督执纪信息共享制度。纪检监察部门将有关市场监管的信访举报线索、执纪审查以及日常监督工作中发现的反映烟草专卖许可证管理、行政执法等有关问题，第一时间召开联席会议研判解决，及时告知专卖监督管理部门；在巡察中发现有本单位干部职工违规办证、私放案件等相关违纪违法问题线索联合专卖监督管理部门组织开展核查并作出处理。专卖监督管理部门在工作中发现以及"12313"热线反映的领导干部涉嫌违纪违法、以烟谋私问题等线索记录有关情况，及时移交纪检监察部门调查处置。两部门所收集、记录的举报投诉线索应当如实记录，及时处理，不得将举报信息及有关情况透露或者转递被检举人。

3. 规范案卷材料评查抽检制度。案卷材料是对执法活动最直观的反映，透过案卷评查可以发现违法行为的存在。在做好执法案卷日常审核的基础上，市局（公司）党组应抽调法规部门、办公室及其他部门人员组建案件评查评审小组，定期或不定期地抽取县（区）专卖局执法案卷进行评查或评审，并明确评查标准、评查方式，保障执法案卷评查工作发挥实效并形成常态化的监督措施。另外应加强执法案卷保密保管工作，严格防止案卷信息泄露。

4. 建立执法约谈制度。可参照《山东省行政执法监督条例》第 26 条规定，行政执法监督机关在实施行政执法监督过程中，发现行政执法机关的行政执法行为违法或者不当等比例较高的，可以约请该行政执法机关的相关负责人进行谈话。对于烟草行业的执法监督部门而言，尝试建立约谈制度对"大监督"体系发挥实效有重要作用。各区县局党支部书记、纪检监察工作负责人、市场监督工作负责人参加诫勉式谈话，让基层执法部门负责人清醒地认识到执法不当或行政违法行为的社会危害性，将"红红脸、出出汗"这一优良方式落实到市场监督管理过程中，进而督促其更加重视专卖执法的规范性。

（四）案件管理

1. 明确立案标准，确保案件质量关。案件管理环节容易造成廉政风险的重要因素在于立案标准模糊，以及由此造成的执法人员自由裁量权过大。安康市局（公司）法规部门应对立案标准、处罚标准进一步进行细化，并制定长期性的实施细则。在市场监管当中发现符合立案标准情形的违法案件，负有直接责任的专卖市场监督管理部门、法规审核部门应严格遵守案件管理制度，做到"有案必立""有案必究"，构成犯罪的及时移送司法机关。市局（公司）相关部门定期开展案件检查工作，严格杜绝"有案不查、有案不立"或"大事化小、小事化了"；市、县两级纪检监察部门应当对案件管理工作进行巡察，法规部门加大对重大执法决定案件法制审核情况的督导，谨防"权钱交易""人为干预"，让已发案件立得起来、查得下去、经得起检验。

2. 制定领导干部干预重大案件登记制度。烟草行业实行垂直领导的管理体制，所涉及的"人、财、物，产、供、销，内、外、贸"均进行集中统一管理。在面对大案、要案处理审查过程中，能否抵住上级领导、其他领导干部通过"讲人情、攀关系"等手段施加压力是对案件承办人员甚至基层领导干部的极大考验。专卖监督管理部门应与纪检监察部门联合建立起领导干部插手、干预重大案件办理登记制度，执法人员遇到干预和说情可以第一时间向纪检监察部门汇报。支持一线执法人员严格执法，防止依法公正处理案件后遭受不利对待甚至报复。约束系统内领导干部规范权力行使，切断权力寻租的可能性。

3. 发挥内部层级监督作用，规范案件管理。行政复议是化解行政争议的主渠道，也是落实内部层级监督的主要方式。在烟草专卖行政复议案件中，复议机关如发现下级烟草专卖部门、专卖执法人员在案件处理过程中因故意或重大过失而导致处理结果违反法律规定时，应与纪检监察部门建立互通机制，对有关人员进行问责处置，保障行政相对人合法权利。针对陕西省行政复议工作新变化，应参照《陕西省人民政府关于县级以上人民政府统一行使行政复议职责有关事项的通告》（陕政发〔2021〕19号）相关规定，对烟草专卖行政复议工作进行及时有效对接。

4. 涉案款项、财物纳入审计审查项目。在履行市场监督管理过程中，对行政相对人作出罚款、没收违法所得、非法财物等决定后，应当将后续收缴、追缴、销毁等情况记录在案卷之中，并由监督部门进行审查。对于作出的罚款决定，严格执行"罚缴分离、收支两条线"原则，工作中发现相对人拒不履行罚款处罚决定的，依照法律规定采取其他强制措施或申请人民法院强制执行。所没收的违法所得、非法财物及其他烟草专卖品应统一入库管理或集中销毁，严格防范内部人员变卖相关物资或私分、截留。

（五）经费使用

1. 厘清经费支出去向，建立经费使用台账。对于烟草专卖经费、科研项目经费、工会委员会经费等经费项目统一纳入预算管理系统，建立经费使用支出台账，以财务部门、审计部门为主导，企业管理部门、群团（工会）等部门不定期对经费使用情况进行监督检查。烟草专卖经费严格按照《安康市烟草专卖局烟草专卖经费管理实施细则（试行）》中的有关规定，将奖励费、举报费支出严格执行单位分管领导和两名以上经办人联签制，银行或邮政汇款附相应凭证，特殊情况确需直接支付现金的，依照相关规定在做好保密措施的前提下进行支付，经费支出的目的、数额应当施行合理性审查原则，确有必要、确需支出的开支应有负责人签字备案。

2. 落实经费使用全过程审计制度。财务部门加强审核把关，对不符合规定和超预算的不予开支；审计部门将各项经费使用执行情况纳入经济责任审计的重点内容，发现经费领域存在违法违纪问题线索及时移交纪检监察部门调查处置，对于以各种方式、形式套取烟草专卖经费的情况不仅要从严从重处理，还要追缴相关集体或个人所套取的利益，对于套取数额巨大，造成国有财产重大损失而构成犯罪的按照有关法律的规定移送司法机关追究刑事责任。

（六）内管监督检查

1. 构建信息互通制度，发挥合署办公优势。内部专卖管理监督派驻办与专卖监督管理部门实施合署办公管理制度。两机构应当共同发挥监督优势，通过专销联席会议进一步加强信息互通，在内部管理监督中秉持发现问题迅速处理、及时解决、消除隐患的原则。同时，应当加强基层管服融合优势，强化专卖与营销人员信息沟通，交叉学习、补足短板、协作监管，共同维护卷烟市场良好秩序。

2. 健全案件分析机制，实现内管再监督。内管部门对辖区边界户、零售大户、订单异常的零售户、有违规经营史的零售户建立台账，综合采取调研、检查、暗访、电话询访等方式抓好问题"回头看"，及时掌握卷烟市场经营动态，发现和解决不规范经营问题。加强对案源精准研判能力。根据国家局内管系统真烟外流数据，每月分析卷烟异常流动品牌、数量、案值、零售户等情况，加强对真烟外流案件的分析和检查，通过案件分析不规范经营线索，提高案件线索识别的敏感性和准确性。

3. 健全对重点零售户的监管机制，发挥社会监督功能。将真烟外流数量较大、频次较高的零售户纳入"黑名单"，对违规零售户和重点区域、敏感品牌进行重点监控，坚决治理、精准打击违规卖烟大户"二次批发、左右价格、扰乱市场"等行为。健全实现全方位管控。持续发挥"专销零"市场共管作用，以自律互助小组为平台强化烟草专卖法律法规和政策的宣传，鼓励零售客户、消费者提供不规范经营行为线索，发挥全社会监督职责，共同维护卷烟市场经营秩序。

4. 增强执纪问责力度，严防"内鬼"侵蚀。在发挥合署办公优势时应当会同纪检监察部门建立共享信息、联动查处机制形成合力，重点解决监督问责宽、松、软问题。实现卷烟营销监管平台数据与专卖内管、纪检等有关部门共享，落实"一案双查"。营销部门要认真履行卷烟规范经营主体责任，主动纠正"卖大户"等违规经营问题。专卖内管部门要切实履行监督责任，对有关问题线索组织调查，并将调查结果及时移交纪检部门。纪检监察机构要严格执纪问责，对涉及内外勾结、以权谋私以及监管失职渎职的，从严查处，形成相互配合、相互制约、相互监督的良性机制。纪检监察机构将信访举报、执纪审查、日常监督工作中发现的反映行业内部违法违规生产经营烟草专卖品等有关问题，及时通报内部专卖管理监督部门。专卖管理监督部门将专卖内管监督检查、查处行业内部违法违规生产经营烟草专卖品的重要案件、专卖执法队伍违反"六个严禁"等情况，及时通报纪检监察机构。对本单位干部职工组织、参与违法违规生产经营的重要案件，内部专卖管理监督部门可与纪检监察机构联合组织开展核查。

十、坚持独立审计原则，树立审计监督权威

（一）坚持审计机构的独立性

审计是国家治理中监督控制系统里的"免疫系统"，对维护、完善和促进国家治理规范化有重要意义。充分认识到审计部门的重要地位、正确把握审计部门在行业内的监督优势是开展审计工作的前提条件。作为监督体系的主体之一，审计机构不仅要发挥监督职责，还应当强调对审计工作的监督。审计人员滥用职权、徇私舞弊、玩忽职守、泄露秘密的，应依法依规给予处分，涉嫌犯罪的依法移交司法机关处理。

在审计队伍建设方面，不仅要做到人员配备齐全、专业能力过硬，还要对审计人员在政治思想上提出更高要求。同时要保障审计派驻人员不受驻地单位及其他因素影响，独立自主行使审计监督权。对审计派驻人员威胁利诱、打击报复的，纪检监察部门应当及时采取保护措施，并对直接责任人进行处理，涉嫌犯罪的移送司法机关依法追究刑事责任。对于驻地单位拒不配合、提供虚假材料和整改不力等情况，应当建立相应的处理措施。

（二）推进审计监督全覆盖

市、县（区）两级烟草专卖局（公司）中凡是涉及管理、分配、使用公共资金、国有资产、国有资源的部门和个人，都要自觉依法接受审计、配合审计。在烟草商业企业内，要对所有涉及公共资金、国有资产、国有资源管理使用以及有关经济活动的真实、合法、效益情况进行审计。不仅在审计事项上实行全覆盖，还应当在过程上达到全覆盖，从烟草商业企业财物支出预算、决算到年底账务核算，都是审计工作的重点。另外，加强烟草企业审计信息化建设，实现市局（公司）与县（区）局审计信息共享，加大数据集中力度。在审计实践中运用大数据技术查核问题、评价判断、宏观分析，让审计工作成为"大监督"体系的利剑。

（三）重点领域重点审计

烟草商业企业内部审计工作要适应经济发展新常态，必须正确处理好审计监督全覆盖与突出重点、注重效果三者之间的关系，在审计资源有限的客观条件下，要突出审计重点，多层次、多方式、渐进式推进审计全覆盖。在日常审计监督过程中，应向行业改革发展的重点领域特别是卷烟营销、烟叶生产领域倾斜审计资源，对于重点领域的突出问题，应充分发挥审计的党政主要领导干部和国有企业领导人员经济责任履行职能，各部门和单位对管理财政收支、财务收支及其相关经济业务活动的计算机信息系统的安全性、可靠性和经济性进行全面审计。

（四）强化审计成果运用

审计要发挥监督与服务作用，最终落实在对审计结果的应用上。通过对烟草商业企业各领域开展审计工作，目的在于发现问题，提出改进建议，及时纠正存在的问题。进一步深化审计成果的应用，首先对于审计中发现的问题，审计人员通过对被审计单位的持续关注和跟踪调查，协助市、县（区）各级部门发现存在的风险点并整改落实，促进基层烟草专卖局（公司）内部控制和治理结构的完善。其次，审计派驻办负责对驻地单位的审计监督，因此对驻地单位的相关程序和内容应深入了解，通过对工作成果的总结研究，发现规律性问题，进而提炼出可供指导未来工作的关键点，从而达到审计结果的有效运用之目的。最后，在经济责任审计中探索、建立科学的审计评价方法，分类制定审计实施工作方案，分别将不同类型的对象及不同的审计内容进行细化，统一每项审计内容分值标准，针对审计发现的问题逐一扣分，以求评分更加精准，以确保客观、真实地评价审计对象履职情况。

十一、创新后勤监督，提供一流服务

后勤管理的履职部门是后勤服务中心，对此应由本级党组（党委）为主导，纪检监察部门、财务管理部门、审计部门形成配套监督力量并健全监督制度。

（一）后勤支出公示，多部门监管

烟草专卖局后勤部门职责较多，如办公场所安保、物业管理、食堂餐饮、环境卫生管理、系统房屋修缮、车辆管理工作、后勤服务工作、实物资产、无形资产管理等。各级党组（党委）要严格贯彻"中央八项规定"精神，督促后勤部门定期、定点将开支情况在本级单位内进行公示，纪检监察部门要监督检查业务接待费、公务用车、办公用房、乘坐交通工具等支出是否落在实处，并加大对以上领域的巡察力度。与财务审计部门在问题备案、督办和通报曝光等方面构建联合机制，健全相关制度。

（二）将互联网采购纳入监督

市局各部门、基层单位使用网络购物平台进行物资采购，极大降低了采购部门发生廉政风险的可能性，但还需要对采购物资的必要性和规格适用性进行把关，谨防过度采购，助长奢靡之风。首先，各采购部门可在原有基础上进一步拟定、完善采购目录，使互联网采购范围更加精细、明确，降低人为操作的可能性。其次，监督部门应对各采购单位网购物资的价格、质量、效用等多方面进行综合审查，防范物资价值与价格不匹配问题，杜绝超标准采购、超规格采购的风险发生。最后，强化互联网采购的审计力度，将互联网采购的相关票据、流水纳入核查范围，防止利用网络购物平台漏洞虚开票据套取经费等廉洁风险。

十二、发扬民主监督，保障民主权利

民主监督是国有企业最富有中国特色的监督方式，习近平总书记在十八届中央纪委第六次全会上的讲话强调："对我们党来说，外部监督是必要的，但从根本上讲，还在于强化自身监督。"对于烟草商业企业，强化自身监督离不开发挥民主监督的重要作用。烟草商业企业民主监督的主要途径应当从职工权益保护、职工（代表）大会、职工意见反馈等方面进行，并由群团工作部门（工会）带头落实民主监督责任，协同本级党组（党委）、纪检监察部门、办公室提高民主监督实效。

（一）依法保障职工权益

做好烟草企业职工、特别是女性职工的合法权益保护和发生异议的处理程序。纵观其他国有企业，构建较为明确的规章制度相对容易，但在处理程序上一般不是很明确，一旦发生职工与企业因劳动合同、从事相关工作等方面的异议，极易产生群体事件，所以要积极稳妥地处理好劳动争议。做好职工权益保护制度，既增强职工的企业认同感，构建和谐劳动关系，又能增强职工以厂为家的主人翁意识，化解职工内外勾结引发贪腐的风险。

（二）畅通职工意见反馈机制

在调研中发现，系统内部有不少职工反映上级领导、单位领导缺乏深入基层、与职工员工交流，这说明系统内员工反映意见、表达意见渠道还不畅通。职工作为企业的基础性力量，与企业的利益、荣誉是不可分割的共同体，有的国有企业曾下发过关于畅通职工诉求的七种渠道的文件。七种渠道包括开设"领导信箱"、开设"员工论坛"、工会联系职工常态化、领导干部定期下访、用好现有的合理化建议系统、思想动态定期收集、用好现有的信访渠道等。"大监督"体系不仅要有好的监督制度，还需要有好的监督人员，企业

职工对于一些违法违纪问题往往要比纪检监察部门的领导干部更早知晓，修缮好企业职工的意见反馈渠道对于防范廉洁风险有重要作用。

（三）主动对接社会舆论与媒体监督

党的十八届六中全会通过了《中国共产党党内监督条例》，要求各级党组织和党的领导干部认真对待、自觉接受社会监督，利用互联网技术和信息化手段，推动党务公开、拓宽监督渠道，虚心接受群众批评。市、县（区）两级烟草专卖局（公司）办公室首先应当主动履行信息公开职责，做好行业宣传工作与舆论引导。其次，加大舆情监控、检测力度，及时分辨不实信息，加强舆论引导能力。对社会关注度高、敏感性强的涉烟信息、涉干部职工信息及时收集、及时反馈，尤其是批评意见、举报信息、信访线索等，应当由纪检监察部门第一时间开展调查，并会同党组（党委）作出处理意见。最后，注重行业信息反馈机制，如"12313"举报热线、官方网页举报投诉信息、办公场所设置的意见箱等，目前安康市局（公司）对"12313"举报投诉线索及后续处置较为完善、妥当，但官方网页、公众号平台中还缺乏相应的信息反馈途径，应组织相关人员对通过以上途径反馈信息或举报的内容定时检查、记录、反馈，保障社会舆论、群众意见能得到妥善应对。

十三、全面依规监督，提升科技项目研究水平

（一）落实科技项目全程监督

企业管理科、公司科技委以及财务科、审计派驻办、法规科等应当在各自的职权范围内对科技项目从合同签订到项目实施、结果评审直至成果应用整个流程进行监督，杜绝重申报、轻管理的现象。在立项工作中，对项目选题应当加强审核，重视项目的实用价值以及项目可操作性；自研项目中，应组织多部门对项目进行论证，确保项目能够产生预期的价值，防止伪造课题套取科研经费的现象。在项目实施阶段，企业管理科应会同牵头部门主动对项目承担方工作进度进行督导，防止项目拖延、进度滞后；另外还需对项目实施过程中发现的廉洁问题主动汇报纪检监察部门，保障科技项目稳步实施。最后，在结题环节应严格执行相关标准，防止不符合结题条件的项目通过弄虚作假、金钱贿赂等方式通过验收；对于评审专家、协作单位等应当执行保密规定，杜绝泄露相关机构、人员信息，加强对科技项目的保密性，保障评

审客观公正。纪检监察部门应对科技项目尤其是已经结题的项目定时进行复查工作，加强对科技项目监督的参与性，涉及廉洁问题的及时会同有关部门叫停项目，防止国家财产流失。

（二）加强科研经费多部门检查

科研经费是科技项目实施过程中涉及的费用，对于科研经费的管理应当统筹财务、审计、纪检监察等部门进行检查监督。目前安康市局（公司）对于科研项目经费已制定相关规范性文件，并对科研项目经费实行预决算制度。企业管理科对科研项目经费承担归口审核责任，对于经费预算、使用等情况主动在系统内部进行公开，接受上级公司和监督部门的监督。对于直接经费和间接经费均应纳入审计范畴，防止挪用、套取、转移经费等问题，也要杜绝各类经费混同造成的财务管理困难。对于科技项目存在终止情形的课题，应当及时停止经费的拨付，符合相关规定的还应当组织有关部门收回已拨付的资金，并及时对收回资金进行情况说明。纪检监察部门发现的虚报课题套取经费的问题应及时对相关人员进行处理，发现外审机构、人员与课题承担人存在利益勾结、舞弊作假的情况应及时终止合作。

陕西烟草商业企业
内部监督贯通协同工作手册

前　言

　　以党内监督为主导，推动各类监督有机贯通、相互协调，是以习近平同志为核心的党中央对坚持和完善党和国家监督体系作出的重大制度安排。烟草行业推动贯通协同监督，是落实党中央决策部署的必然要求，是健全完善行业监督体系的重要内容，是纵深推进全面从严治党的现实需要，也是深化行业纪检监察体制改革的重要举措和根本路径。按照国家局党组提出的"要在促进行业内部各项监督贯通融合上主动作为，并在实践中不断完善相关机制、健全制度规定、细化具体举措"要求，根据国家局党组、驻工信部纪检监察组《深化烟草行业纪检监察体制改革试点工作方案》（国烟党〔2022〕20号）和国家局党组《关于推动烟草行业内部监督工作贯通协同的意见》（国烟党〔2021〕254号）精神，编制了《陕西烟草商业企业贯通协同监督工作手册》。该工作手册架构和内容基于地级市烟草商业企业进行设计，突出党组（党委）对监督工作的领导，体现党内监督定向引领作用，聚焦加强对"一把手"和领导班子监督、廉洁风险防治重点任务，压紧压实纪检监察、巡察监督与其他监督的贯通协同责任，落实落细信息沟通、线索移送、措施配合、成果共享等贯通协同机制，力求凝聚监督合力、释放监督效能，为贯通协同监督高效运行提供权责清晰、流程规范、风险明晰、措施有力、制度管用、预警及时的实践模式。

目　录

2. 14 后勤管理部门廉洁风险防控汇总表

3. 工作流程图

3. 1 办公室工作流程图

（1）会议管理流程图

（2）公章使用流程图

（3）档案管理流程图

（4）公文处理流程图

3. 2 党建工作流程图

（1）党费收缴工作流程图

（2）党员发展工作流程图

（3）基层党组织换届工作流程图

（4）支部党员大会工作流程图

（5）党务公开工作流程图

3. 3 纪检监察工作流程图

（1）信访举报流程图

（2）问题线索处置流程图

3. 4 专卖监督管理工作流程图

3. 5 内部专卖管理监督工作流程图

3. 6 烟叶生产工作流程图

3. 7 卷烟营销工作流程图

3. 8 物流配送工作流程图

3. 9 财务管理工作流程图

（1）市级局（公司）财务管理工作流程图

（2）县级局（分公司）财务管理工作流程图

3. 10 审计工作流程图

3. 11 组织人事工作流程图

（1）干部选拔任用工作流程图

（2）干部管理流程图

（3）工资发放流程图

（4）教育培训经费工作流程图

7.8 规范管理部门贯通协同监督责任清单

8. 贯通协同监督流程图

8.1 纪检监察部门贯通协同监督流程图

8.2 巡察部门贯通协同监督流程图

8.3 专卖内管部门贯通协同监督流程图

8.4 财务部门贯通协同监督流程图

8.5 审计部门贯通协同监督流程图

8.6 人事部门贯通协同监督流程图

8.7 法规部门贯通协同监督流程图

8.8 规范管理部门贯通协同监督流程图

9. 相关主要配套制度

9.1 纪检监察（巡察）部门

9.2 专卖（内管）监督部门

9.3 财务管理部门

9.4 审计监督部门

9.5 组织人事监督部门

9.6 法规规范监督部门

1. 纵向监督示意图

1.1 总体纵向监督示意图

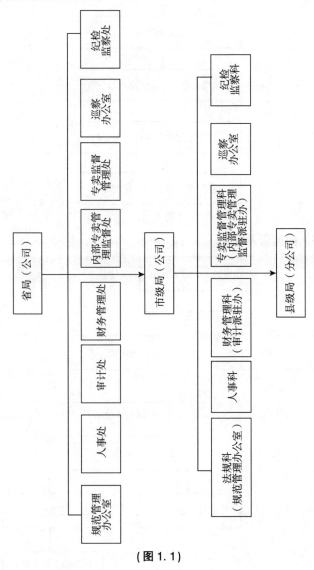

(图 1.1)

1.2 纪检监察纵向监督示意图

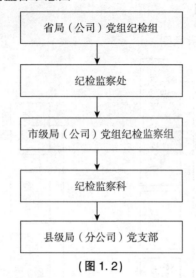

(图 1.2)

1.3 巡察纵向监督示意图

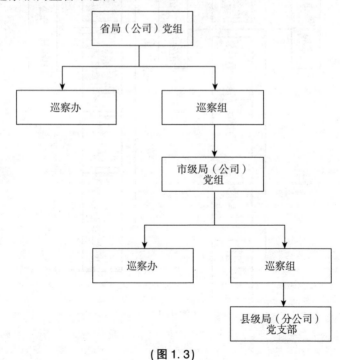

(图 1.3)

1.4 专卖内管纵向监督示意图

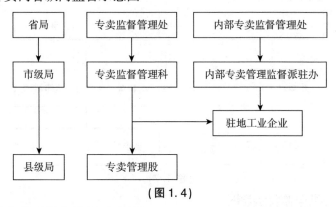

（图 1.4）

1.5 财务管理纵向监督示意图

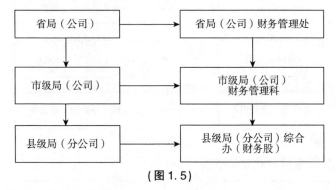

（图 1.5）

1.6 审计纵向监督示意图

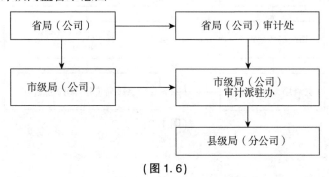

（图 1.6）

1.7 组织人事纵向监督示意图

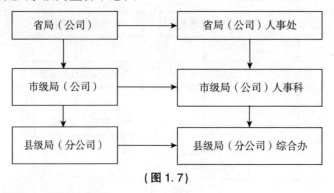

(图1.7)

1.8 法规纵向监督示意图

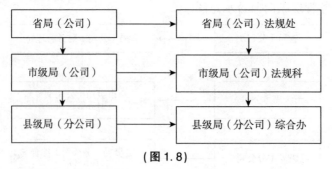

(图1.8)

1.9 规范管理纵向监督示意图

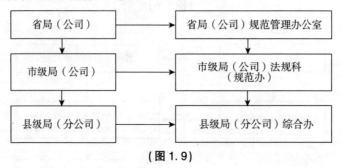

(图1.9)

2. 廉洁风险防控汇总表

2.1 办公室廉洁风险防控汇总表

主要职责	风险点	表现形式	防控措施
负责拟订并组织实施机关政务管理制度和工作规范；负责综合协调、综合调研、督查督办、公文管理、文字综合、会议管理、政务信息、新闻宣传、网站管理、对外信息公开、信访稳定、档案管理、保密管理、机要管理、应急管理、值班管理和接待服务等工作	公文流转	1. 收文不及时，漏登收文； 2. 文件流向不明，文件流转慢，阅文时间超过办理时限； 3. 未按文件要求完成任务，因利益泄密； 4. 不符合公文写作相关要求； 5. 核稿不认真导致发文事故。	1. 严格执行制度，加强收文管理； 2. 加强工作责任心，做好发文工作； 3. 实行责任制和责任追究制。
	会议管理	1. 会议议题收集汇总不全面； 2. 会议记录、保管、借阅不规范； 3. 对决策执行督办不力，发现的重大问题未及时向领导报告。	1. 认真学习会议议事规则等相关规定，提高责任心； 2. 对于会议讨论议题做好准备工作，严格记录管理，压实督办责任。
	信访稳定	履职不当，导致发生大规模群体性上访事件或引发重复访、越级访，以及发生影响较大的负面舆情。	认真学习《信访条例》，重视群众来信来访工作，进一步完善信访制度，畅通和规范群众诉求表达、利益协调、权益保障渠道。
	档案管理	1. 未按规定执行档案查阅、借阅制度，擅自把档案提供给他人，造成信息泄露； 2. 接受好处，弄虚作假、擅自涂改，造假档案。	严格执行档案管理各项规定，加强监督检查，对失职、渎职人员严格责任追究。

主要职责	风险点	表现形式	防控措施
	印章管理	1. 违规使用印章,为他人虚假材料加盖印章,谋取私利; 2. 为人情关系,违规使用印章、借阅公文,谋取利益。	严格按照印章管理规定使用印章,确保印章管理规范。
	机要管理	1. 泄露机密,谋取个人私利; 2. 不遵守保密法,导致密级文件、资料泄露。	学习《保密法》,严格执行保密制度,强化保密意识。
	宣传报道	1. 宣传报道审发管理和舆论阵地监管不够有力,造成一定负面影响; 2. 先进典型事迹宣传报道弄虚作假,群众反映意见大。	1. 严格执行党的宣传纪律,落实宣传报道审核监管制度,提升宣传报道规范化水平; 2. 通过各种形式加强公示,接受群众监督,广泛听取各方面意见。

2.2 党建工作部门廉洁风险防控汇总表

主要职责	风险点	表现形式	防控措施
负责拟订全市系统党建工作规划、意见;组织和指导全市	发展党员	未按规定程序发展党员。	1. 严格执行关于发展党员的有关规定,制订执行党员发展计划; 2. 按照规定进行党员发展公示。

续表

主要职责	风险点	表现形式	防控措施
系统党的建设、精神文明建设、文化建设等工作；负责党建工作述职、评议、检查、考核；负责全市系统职工思想政治工作；负责组织协调各类创建活动；负责市局直属机关党委日常工作；负责党组中心组政治理论学习及机关日常学习	意识形态	1. 思想教育形式单一，政治引导力不足； 2. 党支部微信群、社交媒体管理不到位。	加强政治理论学习，严禁党员干部转发相关敏感信息，对违背党性和违背政治纪律、组织纪律的言论及时加以制止并严肃处理。
	党费管理	1. 党费使用不符合有关规定； 2. 党费使用监管不力，乱用或挪用党费谋取利益； 3. 党费收缴标准不符合有关规定； 4. 未按时、足额上缴党费。	1. 严格遵守执行党费收缴、管理、使用规定； 2. 公示党费收缴、使用情况。
	党建工作考核	接受考核单位的请托，擅自变更考核结果。	成立考核工作小组，制订考核评分细则，考核结果讨论通过后，报上级党组织审批。
	评优评先	评选结果不客观公正。	明确评选标准，逐级民主推荐，有关部门审议，提报上级党组织审批，对评先选优结果进行公示。
	组织建设	支委会上支部书记未按照民主集中制原则执行末位表态制。	参加会议人员充分发表意见，表明态度，对所议事应严格按照民主集中制原则作出决定。

主要职责	风险点	表现形式	防控措施
	党务公开	党务公开不规范。	1. 全面落实党务公开制度，实现党务公开的规范化； 2. 指定专人负责，制定具体计划安排。

2.3 纪检监察部门廉洁风险防控汇总表

主要职责	风险点	表现形式	防控措施
负责党内监督和行政监察；履行监督的再监督、检查的再检查职能，协助党组加强党风廉政建设和组织协调反腐败工作；监督检查相关部门落实惩治和预防腐败工作任务；强化监督执纪问责，受理各类检举、控告，调查处置违规违纪问题，受理纪律处分的申诉，保护党员和员工的合法权益；负责巡察办日常工作；保护党员	信访受理	1. 受理检举控告不及时； 2. 研判分类不精准； 3. 实名举报回复不规范。	1. 专人受理检举控告； 2. 集体分析研判检举控告内容； 3. 实名举报按期规范反馈。
	问题线索处置	1. 运用四类处置方式不精准； 2. 审批程序不规范； 3. 涉嫌违规违纪问题描述、归类不准确。	1. 准确把握问题线索处置方式的适用情形； 2. 严格按程序报批； 3. 依规依纪对问题进行初步归类。
	初步核实	1. 对于符合初步核实条件的问题线索没有或不及时开展初步核实； 2. 随意扩大或缩小初步核实人员、问题范围。	1. 按照民主集中制原则集体研判问题线索，符合初核条件的果断进行核查； 2. 严格执行初步核实方案，认真落实请示汇报制度。

主要职责	风险点	表现形式	防控措施
和员工的合法权益；负责巡察办日常工作；负责市局直属机关纪律检查委员会日常工作	立案审查调查	1. 对干部职工和群众反映问题调查取证工作不实不细，存在违反工作纪律、组织纪律、保密纪律等行为； 2. 审查调查措施使用不当。	1. 提升纪检监察人员业务素养，加强对党规党纪的学习教育； 2. 严格依据党内法规和监察法律法规使用措施。
	党纪政纪处分	1. 未准确把握违纪行为的性质、情节、表现等进行定性量纪； 2. 对违规违纪干部处理程序不规范； 3. 对相关资料保存不完善，出现资料缺失等现象； 4. 对不落实处分的情况未及时发现或指出。	1. 必要时可邀请属地纪检监察机关业务骨干或专家学者研究论证，确保准确适用定性量纪； 2. 加强对相关制度、程序学习，熟练掌握干部处理流程和条款运用； 3. 安排专人加强对相关资料的管理； 4. 做实处分处理的"下半篇"工作，及时跟进检查督导。
	申诉受理处置	不受理或不及时受理员工合法申诉。	保障员工申诉权，对符合程序规定的合理申诉及时受理，对不符合申诉条件的予以解释。

主要职责	风险点	表现形式	防控措施
	行风监督	1. 对全市系统党员干部开展党规党纪教育、警示教育和廉洁教育不及时，效果不佳； 2. 监督检查"蜻蜓点水"，不深入不细致； 3. 党风廉政建设责任制考核流于形式，没有发挥以考促改的作用； 4. 没有及时将反映廉政情况的材料归档，不如实回复党风廉政意见； 5. 对监督对象的思想、工作、作风、生活等日常监督不到位。	1. 根据中央及行业各级工作要求，及时制定年度教育计划和培训方案，并积极贯彻落实； 2. 紧密结合行业实际，紧盯关键岗位、重点领域开展专项检查，紧盯"四风"新动向，盯紧重要事件节点，严肃查处违反中央八项规定精神问题，加强检查和抽查，定期通报曝光，强化震慑； 3. 科学制定党风廉政建设责任制考核方案，细化考核标准，加强对考核基本合格或不合格的单位、部门整改情况的跟踪问效； 4. 定期更新干部廉政档案，专人核对廉政档案后回复党风廉政意见； 5. 通过多种方式了解被监督对象的情况，发现苗头性、倾向性问题或者轻微违纪问题，应当及时约谈提醒、批评教育、责令检查、诫勉谈话，提高监督的针对性和实效性。

2.4 财务部门廉洁风险防控汇总表

主要职责	风险点		表现形式	防控措施
负责全市系统财务管理、预算管理、国有资产管理及资金管理工作；负责组织开展定额标准体系建设工作；负责全市系统会计核算、监督及税务管理工作	预算管理	预算编制	定额标准执行不到位，部门审核把关不严，导致预算编制错误，影响预算执行结果。	严格按照预算编制内容、标准和要求进行编制，并以内容、标准和要求进行审核。
		预算执行	管控不严，预算超额执行，影响经营成果核算。	严格按照预算批复加强管控，确保预算执行在批复之内。
	财务内部管理		工作人员为谋取私利，违法违规行为，泄露公司重要财务信息、数据，给公司经济运行造成不良影响。	1. 严格执行不相容岗位相分离制度，财务工作人员相互监督、相互制约管控； 2. 通过会计人员继续教育等多重手段进行职业道德培训，培育廉洁的工作观； 3. 遵守本单位的财务管理规定，严格依照程序处理相关业务。
	资产管理		未严格按照相关规定核对未达账。	严格按照规定核对银行对账台账，清理未达账项。
			未及时、全面地核对资产账，导致账实不符。	严格执行资产管理规定，认真核对，确保账实相符。

主要职责	风险点	表现形式	防控措施
		未及时进行清理往来账、未及时清零每月卷烟货款。	1. 及时并且准确地梳理、清理往来账项； 2. 协调各分公司、物流分公司报账员，在每月结账前，将卷烟销售款清零。
	资金管理	未按照财经制度、资金管理规定及合同约定付款。	严格按照财经制度、资金管理规定及合同约定付款。
	"小金库"风险	关键岗位违法违规操作，私设"小金库"。	加强关键岗位监督管理，严格执行财经制度。

2.5 审计部门廉洁风险防控汇总表

主要职责	风险点	表现形式	防控措施
负责拟定全市系统审计工作制度；组织实施财务收支、预算管理、效益管理、风险管理、经济责任、物资采购、固定资产内部审计监督；督促审	审计方案制定	1. 人为干预工作方案、审计实施方案内容而谋取私利； 2. 在编制和审核审计工作方案、审计实施方案时未如实确定审计内容和重点； 3. 在开展审计工作时，为照顾利益关系，未如实确定审计内容与重点。	1. 按照企业内控制度的相关要求建立内部审计制度，明确内部审计范围、职责和相关要求，确保单位所有人员和业务都在其审计范围内； 2. 成立独立的内部审计部门，内部审计人员应保持独立性，独立于财务部门和业务部门； 3. 建立完善的责任追究制度，内部审计部门根据职责，对各项业务活动开展进行追踪审查，确保企业内控制度全面落实。

续表

主要职责	风险点	表现形式	防控措施
计整改工作落实；组织内审人员的继续教育	内部审计员	审计人员在审计前未按规定的审计程序开展工作，而使被审计对象以不按法定程序进行操作为由提出异议或产生法律纠纷。	按照法律法规规定程序进行审计监督，规避审计法律风险。
		被审计单位故意转移或隐匿涉及违规违法事项的账务处理，而在审计检查中未发现，导致审计结论严重偏离客观事实。	对可能被转移、隐匿、篡改、毁弃的会计凭证、会计账簿、会计报表以及与生产经营管理活动有关的资料，经单位主要负责人或有关权力机构授权可暂时予以封存。
		在实施审计过程中需要回避的未申请回避。	与被审计单位负责人或者有关主管人员有夫妻关系、直系血亲关系、三代以内旁系血亲或者近姻亲关系的；或者与审计事项有经济利益关系的；或者有关主管人员有其他利害关系，可能影响公正执行公务的申请回避。
		未真实、客观、全面地对主要业务部门及所属单位负责人进行经济责任审计，导致对被审计人的经济责任审计评价不准确、出具虚假不实的审计报告，或者违反国家有关审计工作要求，避重就轻、回避问题或明知有重要事项不予揭示，引起不良后果。	审计评价要以审计数据为基础，全面、客观、公正地评价被审计责任人经济责任履行情况，评价指标采用定性与定量相结合。

主要职责	风险点	表现形式	防控措施
	审计中介机构	未对纳入审计范围的施工单位、监理单位的施工、监理资质及非法转包、分包行为进行监督审计，造成国有资产损失。	对纳入审计范围的施工单位、监理单位的施工、监理资质及非法的转包、分包行为进行监督审计，防范风险。
		未对工程建设项目的规模、建设内容、建设标准实施等进行审计，造成国有资产流失、损失或浪费。	建设项目的建设规模、建设标准、建筑面积、建设内容和建设地点发生重大变更时，要按照重新报批的项目实施审计。
		未对工程建设合同的合法性、合规性、完备性进行审计、未审查合同的执行情况，造成国有资产损失。	对审核的每一份合同，均需出具一份合同审计工作底稿并留存，详细记载合同审计情况，出具审计意见和建议，并检查审计意见是否落实。
		未严格审计工程的概预算中的投资构成、费用分摊、成本核算，造成严重后果。	工程开工前要按照规定实施概预算审计，所有审计的内容均应在审计意见中记载并留存。
		未按规定进行工程竣工结算审计给企业造成损失。	项目竣工后要委托审计中介机构对项目实施竣工结算审计。

2.6 人事部门廉洁风险防控汇总表

主要职责	风险点	表现形式	防控措施
干部选拔任用过程监督管理	分析研判和动议环节	1. 超职数、超机构规格动议配备干部，擅自提高干部职级待遇； 2. 在已有超配干部未消化前继续配备同一职务层次干部； 3. 意向人选在试用期内或者诫勉、处分期未满； 4. 临时动议干部、集中大批调整干部； 5. 随意上报领导班子调整补充计划，格式不规范，材料不完整。	1. 及时对下一年度到龄转任、退休领导干部进行摸底，实时更新领导班子和领导干部编配和空缺情况； 2. 有计划地实施干部调整； 3. 及时与纪检监察部门交换意见； 4. "领导班子和领导干部调整动议请示"签报和"启动推荐考察工作请示"的签报完善规范； 5. 前置"凡提四必"，提前对动议人选干部人事档案进行审核。
	民主推荐环节	1. 未经民主推荐直接确定考察对象； 2. 民主推荐环节增加限制性排他条件； 3. 擅自放宽基本资格，扩大推荐人员范围，民主推荐范围确定不合理； 4. 不重视测评和考察谈话； 5. 更改、伪造或不如实报告民主推荐、民主测评等结果。	1. 考察组与主要负责人沟通推荐考察方案； 2. 召开通气会介绍情况； 3. 分组谈话调研推荐，汇总分析推荐情况，与前期酝酿动议情况相互印证； 4. 向分管人事的领导和主要领导汇报推荐情况并提出初步建议，根据领导意见决定下步工作安排； 5. 与主要负责人等沟通推荐情况。

主要职责	风险点	表现形式	防控措施
	考察环节	1. 未填写干部任前档案审核表或填写不规范; 2. 对线索具体的信访举报没有核查,或核查了但核查过程和结论无法让人信服; 3. 考察材料过于简单或者内容不规范; 4. 未按照规定程序对考察对象进行考察; 5. 对考察对象进行个别谈话和民主测评时,与会人员范围、人数未按规定确定。	1. 考察对象应当根据工作需要和干部德才条件,综合考虑,深入分析、比较择优后提出建议人选; 2. 分组考察谈话要尽量保证谈话调研推荐分组与考察谈话分组一致,重点关注未推荐考察对象的人员意见; 3. 填写个人业绩信息采集表,并确认干部任免审批表中相关信息有无变化。
	讨论决定环节	1. 不符合党组会要求的 2/3 人员参会规定; 2. 党组成员未进行充分酝酿、未对拟任人选达成共识; 3. 纪检监察部门意见未回复就提交党组会议研究; 4. 任免决定未经党组集体讨论或党组未按照规定程序进行讨论; 5. 党组织将具有不得提交会议讨论的八种情形提交会议讨论; 6. 应任职回避的未回避。	1. 人事部门会议主要是对提交材料进行校对审核,保证材料的质量、一致性、准确性; 2. 起草干部职务调整动议方案签报,起草干部任免酝酿沟通情况表,提交分管领导和主要领导审核; 3. 在党组会召开前,请其他党组成员就干部任免酝酿沟通情况表签字方式征求意见。

主要职责	风险点	表现形式	防控措施
	任职环节	1. 存在破格（含越级）提拔干部未履行报批程序； 2. 任职公示不符合要求； 3. 没有开展任前谈话和廉政谈话。	1. 党组会议研究通过后，进行任职公示； 2. 对需要征求地方意见的，公示同时同步书面征求组织部门意见； 3. 组织部复函同意、公示无问题、法人审计结果不影响任职的，起草任职文件； 4. 将任职文件报局领导签发，领导签发后印制文件； 5. 确定并沟通任职宣布时纪实。
	干部档案管理环节	1. 利用职务便利篡改、伪造干部人事档案，使其符合或不符合干部选拔标准； 2. 故意转递、接收、归档涉嫌造假或者来历不明的干部人事档案材料； 3. 违规违章擅自抽取、撤换、添加干部人事档案材料以影响干部选任的结果； 4. 关键岗位违规违章转递、接收查（借）阅干部人事档案。	1. 定期开展安全检查； 2. 认真开展自查自纠工作； 3. 通过奖惩问责机制，对上述弄虚作假行为严惩不贷； 4. 建立健全档案管理制度，形成档案建立、接受、保管、转递、移交、查阅等科学化机制体制。

主要职责	风险点	表现形式	防控措施
人事管理	公开招录	1. 不按照单位实际需求制定招录计划，设定指向性明显的招录条件； 2. 未对招录人员的资质严格把关； 3. 考察工作不够细致，接受考生的送礼、宴请； 4. 未严格按照采购程序选取第三方机构的情形。	1. 征求人员岗位需求计划，按程序提交党组会议审定； 2. 严格招录工作程序，严明纪律要求； 3. 按照招标采购程序选取第三方机构，与规范管理部门联合开展监督。
	考勤管理	1. 审核把关不严，不认真备案存档； 2. 未按照程序履行请假手续。	1. 严格执行休假考勤手续； 2. 休假考勤及时记录、备案； 3. 定期报告休假考勤情况。
	职称评审推荐聘任	1. 对初级职称评审、中级职称推荐、高级职称申报资料审核把关不严，擅自放宽评审、推荐条件； 2. 未按照相关专业技术或职业技能聘任程序聘任； 3. 聘期未进行考核。	1. 加强审核把关，严格按条件开展职称评审推荐工作； 2. 严格遵守专业技术聘任程序； 3. 加强聘任考核。
干部管理	考核管理	1. 考核方案不公开、不确定，考核过程不透明； 2. 考核结果的出具由少数人决定； 3. 私自篡改考核结果，考核过程监督不力。	1. 各项考核方案均按照考核工作要求提交会议决定； 2. 加强考核过程监督，及时将考核结果公开，接受干部职工监督； 3. 畅通异议渠道。
	个人重大事项请示报告	对干部重大事项请示报告未及时向上级组织或相关部门报备。	1. 及时报告，定期检查、抽查； 2. 将个人重大事项报告情况列入年度述职考核内容。

续表

主要职责	风险点	表现形式	防控措施
人员编制监督管理	定岗	1. 未按部门实际需要定岗，未按部门需要定员； 2. 超计划定员，定岗定员不合理，为亲属、朋友牟利； 3. 未严格执行编制计划。	1. 严格按照机构编制管理规定定岗定员； 2. 严格按照岗位编制进行人员调配； 3. 严格执行行业回避制度。
	定员		
	定编		
工资发放监督管理	执行工资政策和计划	1. 未按计划发放工资； 2. 工资总额超过核定标准。	1. 严格执行工资总额预算管理； 2. 按季度上报工资发放计划，严格监督检查。
	考核兑现	1. 考核不及时兑现； 2. 兑现不准确、不真实。	严格按照考核结果兑现考核，由财务部门、审计部门、企管部门专项监督。
教育培训	培训经费	教育培训经费审核把关不严格，未按标准列支。	严禁超教育培训经费标准列支。
用工管理	劳动关系管理	不按照民法典、劳动法律法规和管理规定，为利益相关人员签订、续签、变更、解除、终止劳动合同。	严格依照用人单位（部门）使用需求及岗位从业要求，尊重劳动者本人意愿，合法签订、续签、变更、解除、终止劳动合同。

2.7 专卖监督管理部门廉洁风险防控汇总表

主要职责	风险点	表现形式	防控措施
负责监督检查辖区烟草专卖法律法规及规章的执行情况；制订实施辖区专卖管理监督制度；组织指导涉烟违法违规大要案件查处；打击假冒伪劣、走私烟草专卖品等违法行为；承担烟草专卖许可证、准运证的办理及其监督、管理工作	行政许可	收受行政相对人财物，超越法定职权、违反法定程序、违规向申请主体审批发放或不予发放许可证。	撤销违法许可决定，并对后续许可证管理工作追踪监督。
		滥用权力在许可证期满延续、变更等事项中索要好处或无故拖延。	对许可证期满延续及需要变更的情形予以登记并公示。
		利用职权，指使下级机关违规行政许可。	协同监督部门应对许可证管理工作不定期进行巡察回访。
	市场监管	1. 向被监管对象借钱借物，索要财物或低价购买紧俏烟、高价烟，推销或要求代卖样品烟以其他形式获得利益； 2. 随意性执法、选择性检查监管对象，故意刁难监管对象。	严格贯彻行政执法三项制度，落实"双随机、一公开"制度，建立执法约谈制度。
		1. 向不法分子通风报信、泄密失密，隐瞒真相袒护包庇亲友；内外勾结，非法倒卖卷烟或为其提供便利； 2. 私自截留、隐匿、销毁案件举报线索，威胁、恐吓举报人。	市场监管与监督执纪信息共享制度，规范案卷材料评查抽检制度。

主要职责	风险点	表现形式	防控措施
	案件办理	1. 利用职务便利索取、收受当事人好处或以要挟、暗示等手段向当事人索要好处； 2. 泄露案情、隐匿案件证据、卷宗，为亲友、利益关系人办人情案，当保护伞。	1. 制定领导干部干预重大案件登记制度； 2. 发挥行政复议内部层级监督作用，问责违法人员。
		1. 徇私舞弊，有案不立、有案不查或不应当立案而立案； 2. 随意变更处罚性质，降低案件处罚标准，不执行处罚自由裁量权标准，未经审批私自将案件放弃调查或不移交涉刑事犯罪案件； 3. 隐瞒案件信息，袒护包庇他人或单位逃避查处。	明确立案标准，确保案件质量关，严格依照法律、法规、规章等处理案件。
	涉案财物管理	1. 违反收支两条线，对罚没财物违法处理； 2. 利用职务便利截留、私分罚款、变卖款、没收的违法所得； 3. 套取、私分办案奖励经费。	涉案款项、财物纳入审计审查项目，对不能说明去向、不能说明理由的涉案财物负有责任的人员进行追责问责。

2.8 内管部门廉洁风险防控表

主要职责	风险点	表现形式	防控措施
监督检查辖区行业内部生产经营企业遵守烟草专卖法律法规及行业规范的情况；组织协调内部专卖管理监督工作；负责对行业内部生产经营企业的日常监管及违反烟草专卖法律法规生产经营问题的查处	卷烟经营监管	1. 索取、收受被监管对象的财物，内管监督流于形式；2. 真烟非法流通调查中与被监管对象勾结，人为干预调查结果；3. 与被监管企业、个人合谋套取、倒卖卷烟。	与纪检部门构建信息互通制度，与专卖管理发挥合署办公优势实现卷烟营销监管平台数据与专卖内管、纪检等有关部门共享，落实"一案双查"。
	烟叶生产经营监管	内管人员与烟站工作人员弄虚作假、虚开发票、内外勾结、牟取私利，不执行烟叶收购、调拨合同或无合同、超合同收购等问题。	增强执纪问责力度、严防"内鬼"侵蚀对本单位干部职工组织、参与违法违规生产经营的重要案件，内部专卖管理监督部门可与纪检监察机构联合组织开展核查。
	驻地工业企业监管	发现异常情况不予通报，索取工业企业样品烟、私自售贩样品烟。	加强驻地工业企业内管监督工作，对内管工作人员再监督。
	监管失职失责	1. 在内管检查工作中发现的违法违规行为不及时记录、反馈，避重就轻隐瞒不报；2. 对发现的违纪违法个人、部门、企业包庇袒护，不按规定追究责任。	健全案件分析机制、实现内管再监督，综合采取调研、检查、暗访、电话询访等方式抓好问题"回头看"，发挥社会监督功能。

2.9 烟叶部门廉洁风险防控汇总表

主要职责	风险点	表现形式	防控措施
负责烟叶生产管理、收购管理、调拨管理、经营管理等；负责组织实施现代烟草农业建设、生产技术推广工作；负责烟农增收服务工作；承担烟草科技项目的组织、研究、开发及管理创新等工作；提供烟草农业新品种、新技术、新工艺、新方法的示范、推广与服务工作	种植计划	分解烟叶种植计划中利用自由裁量权；违规平均分配和违规优亲厚友。	1. 建立监管信息平台，提升监管水平； 2. 建立烟农信用监管体系。
	面积落实	1. 人为违规多登记或者少登记土地面积，造成经济损失； 2. 隐瞒、私自更改真实种植面积或审核把关不严，造成虚报、冒领、套取生产物资或投入资金。	1. 运用 GIS 技术，结合烟田地理位置、田块面积大小、基础设施配套以及劳动力等情况进行科学分区，实现烟田生产要素、土地要素、劳动力要素的有效衔接； 2. 通过平台实时查询基本烟田土壤理化质量、配套基础设施、烟农基本信息、当地劳动力情况等信息。
	烟叶育苗	烟站工作人员包庇烟农种植非统一供应的品种。	1. 集中育苗，优化品种，提高烟叶育苗的集约化水平； 2. 加强育苗管理，公布集中育苗点信息以及公开举报方式。
	烟叶收购调拨	1. 内外勾结、跨区跨站（点）收购； 2. 收购杂劣品质烟叶； 3. 无合同、超合同、虚拟合同收购； 4. 压级压价、提级提价，收人情烟、关系烟。 5. 超标准升溢、损溢。	1. 压实烟叶收购人员岗位责任，严格管理； 2. 严格收购调拨执行质量标准； 3. 加强日常监督检查，及时发现苗头性问题； 4. 畅通举报投诉电话，接受广大烟农和群众监督。

2.10 卷烟营销部门廉洁风险防控汇总表

主要职责	风险点	表现形式	防控措施
负责拟定和实施全市系统卷烟营销规划，承担卷烟营销市场化取向改革工作；负责组织、指导、监管、检查全市卷烟购进、卷烟销售、品牌培育、工商协同和卷烟营销网络建设工作；负责全市系统卷烟市场信息监测及分析工作	采购计划编制	接受烟草工业企业公司好处，私自变更、调整采购计划。	严格执行计划采购方案，对相关内容定期开展复查。
	品牌进退	违反卷烟品牌退出引入规定，设置人为障碍。	深化检查监督，严格落实制度；健全品牌评价机制，创新品牌评价工具。
	客户服务	1. 客户升档或降档存在违规现象； 2. 人为调档。	严格落实客户分档管理办法，严格按照系统流程实施客户分档。
		未按要求公开档位评价、货源供应等信息。	加强内管监督工作，及时公示客户分档、货源策略等信息，接受监督。
	货源分配	货源分配策略与实际投放不匹配，存在违规搭配销售行为。	严格执行货源投放相关制度，持续强化数据驱动精准营销，确保市场供需动态平衡。
		客户评档、货源投放、品牌培育、终端调档中优亲厚友，或无正当理由降档、停供、减供。	加强制度规范培训，落实规范执行力度，将规范经营情况纳入考核。
	样品烟管理	1. 利用管理样品烟谋取私利或占为己有； 2. 异化样品烟用途； 3. 违反样品烟管理规定，给零售户多发、少发样品烟。	1. 指定专人负责样品烟日常管理工作，建立台账记录； 2. 对样品烟全流程痕迹化管理； 3. 加强对利用样品卷烟谋私谋利的监督检查。
		未严格执行卷烟宣传促销管理规定，为违法违规开展的品牌培育活动提供便利。	

2.11 物流部门廉洁风险防控汇总表

主要职责	风险点	表现形式	防控措施
卷烟仓储管理、卷烟出入库管理、卷烟配送等工作	仓储分拣	在仓储、分拣环节中利用职权私自截留、私换、调包卷烟。	完善监控记录制度，落实卷烟仓储、分拣核对清点工作。
	卷烟配送	违规利用行业物流资源，为个人谋取私利，如违规更换及提取卷烟，在卷烟配送等环节截留、私换、调包、收购卷烟。	落实配送过程监控全覆盖制度，定期核查配送记录；使用 GPS 位置监控、手持 PDA 客户终端信息对接等信息技术手段，加强违规送货管控，提高送货准确率。
	服务质量	服务零售户态度差，对零售户合理诉求回应不到位，处置零售户投诉事项不及时，出卖、泄露客户信息等损害客户利益行为。	加强客户回访工作，对有关投诉举报认真总结，严肃对待，加强相关工作人员服务意识，纳入考评机制。

2.12 法规部门廉洁风险防控汇总表

主要职责	风险点	表现形式	防控措施
专卖执法监督	执法案卷审查	审查执法案卷不严，对不符合法律法规及相关制度规范的案卷，没有及时指出或未要求整改。	严格按照相关制度规定审查，对不符合法律法规和制度要求的案卷，及时退回要求整改，涉及违规违法的追究相关责任。

主要职责	风险点	表现形式	防控措施
	执法证件和徽章管理	为不符合专卖执法资格的人员发放行政执法资格证、专卖执法检查证和徽章。	从人员岗位、用工性质等方面初审是否具备持证资格，对初审通过的人员组织参加全省执法资格考试，待通过考试并经省局审查通过后，予以配发执法证、检查证以及徽章。
合法性审查	规范性文件审核	对规范性文件审核不严，有可能造成具体行为不合法，导致行政复议或行政诉讼案件发生。	严格按照法律法规和规范性备案审查规定，一方面认真审核规范性文件实体和形式内容，另一方面，及时向司法部门和省局报送备案审查。
	重大决策生产经营	对重大决策、生产经营管理制度审查不严，导致出现重大生产经营决策失误。	认真贯彻落实相关制度要求，依据法律法规，对重大决策、规章制度严格合法性审查。
	合同审查	对合同审查不严，导致发生法律纠纷。	在合同审查中，认真贯彻执行合同管理制度要求，严把合同审查审批关卡，按照相关法律法规审查合同文书。
行政复议、行政诉讼案件应对	行政复议行政诉讼	隐瞒案件情况，未及时向上级部门报送案件情况。	行政诉讼、行政复议案件发生后，及时按照制度要求向上级部门报告案件情况。

2.13 规范管理部门廉洁风险防控汇总表

主要职责	风险点	表现形式	防控措施
采购项目全过程监督	采购项目计划决策	采购主体"三个全覆盖"情况执行不到位，管委会实名票决决策程序不规范，未落实"应招尽招"规定。	严格执行各项工作制度，遵守决策程序规定，加强"三关三审"监管力度。
	实施环节监督	采购程序规范性监督不力，对采购项目招标文件、采购合同的合法性、合规性监督不到位，未发现随意变更采购方式及虚假招标等行为。	聚焦采购程序规范监管，对招标文件、采购合同加强复查、复审工作，发现问题及时反馈。
	供应商管理	接受请托或收受财物对供应商进行虚假评价，未对供应商不良行为进行认定，未按规定进行"黑名单"管理。	加强对不良行为的研判工作，收到不良行为反映信息后组织有关部门进行调查核实，及时认定供应商不良行为，加强"黑名单"管理。
	采购信息公开	未对采购项目信息的实效性、全面性进行监督。	对指定平台、媒体上发布的采购项目信息进行抽查检查，对信息发布不及时、不全面的情况进行通报。

2.14 后勤管理部门廉洁风险防控汇总表

主要职责	风险点	表现形式	防控措施
后勤服务保障、安全保卫、物业管理、食堂管理、创卫工作、环境卫生管理、绿化、美化等工作；负责全市系统采购管理及采购办日常工作，负责全市系统房屋修缮、基础设施建设项目论证，设施配备计划审核；负责全市系统车辆管理工作；负责全市系统会议和机关日常会议的后勤服务工作；负责全市系统实物资产、无形资产管理工作；负责瀛湖培训中心的日常管理工作	一般服务保障环节	安全保卫、食堂蔬菜主食供应等项目招标过程中，出现金钱等违规违法的交易。	1. 后勤服务项目前要按照企业内部规定履行项目审批手续，并落实项目资金。未经批准的项目不得进行招标； 2. 加强对于项目实施的监督管理，防止资金流失。
	日常物资采购环节	日常物资采购程序不规范，可能造成资源浪费、高价采购等不合规采购行为。	日常的物资采购开支纳入采购计划和全面预算管理，项目金额控制在预算的限额内，原则上没有预算的，一律不得付款。
	日常维修工作环节	对申报项目审核不严，致使项目申报不实、费用超出。	1. 项目审核组的成员要加强廉政风险防控意识，严格按照规定的程序、标准核实项目申报的材料，相关负责人应当对审核流程进行监督； 2. 财务部门对申报维修费用是否纳入全面预算、维修费用的结算情况进行监督。
	固定资产登记环节	1. 未严格审核处置资产使用年限审核不严格，造成部分资产不当损失； 2. 对报废资产残值估计不足，可能导致资产回收残值偏。	1. 资产管理部门定期或不定期核对资产登记记录，保证资产使用能够达到使用年限； 2. 审计部门对资产处置收益确认进行审计监督。

续表

主要职责	风险点	表现形式	防控措施
公务车辆管理		1. 公车私用，用于婚丧喜庆、休闲度假、探亲访友等非公务活动； 2. 在车辆维修、保养、加油过程中收取回扣，索要钱财。	1. 组织学习落实中央八项规定精神和实施细则以及各类相关文件要求，增强纪律意识，切实做到"三个严禁"，即严禁"公车私用"、严禁"公卡私用"、严禁"私车公养"； 2. 按照"谁使用、谁负责"的原则，进一步明确具体的责任人，做到公车从加油到维修等每一个环节都有专人负责，确保责任落实到位、管理规范有序。

3. 工作流程图

3.1 办公室工作流程图

（1）会议管理流程图

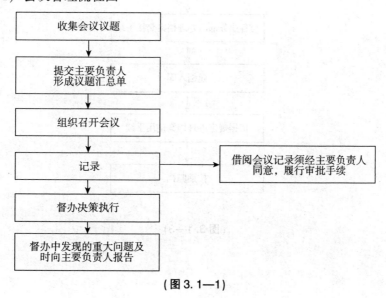

（图 3.1—1）

（2）公章使用流程图

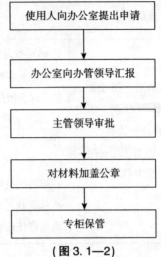

（图 3.1—2）

（3）档案管理流程图

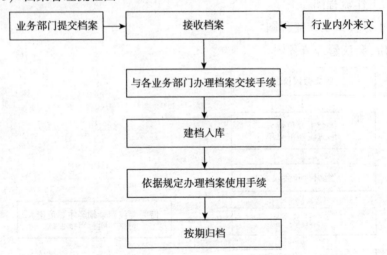

（图 3.1—3）

（4）公文处理流程图

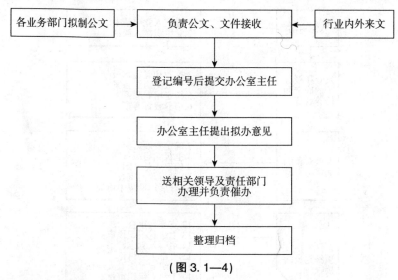

（图 3.1—4）

3.2 党建工作流程图

（1）党费收缴工作流程图

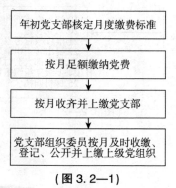

（图 3.2—1）

（2）党员发展工作流程图

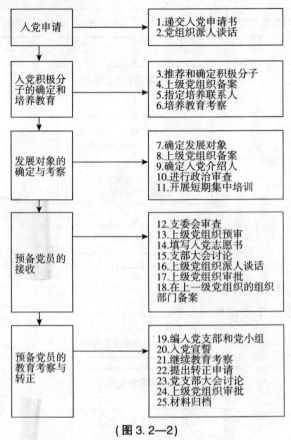

入党申请	1.递交入党申请书 2.党组织派人谈话
入党积极分子的确定和培养教育	3.推荐和确定积极分子 4.上级党组织备案 5.指定培养联系人 6.培养教育考察
发展对象的确定与考察	7.确定发展对象 8.上级党组织备案 9.确定入党介绍人 10.进行政治审查 11.开展短期集中培训
预备党员的接收	12.支委会审查 13.上级党组织预审 14.填写入党志愿书 15.支部大会讨论 16.上级党组织派人谈话 17.上级党组织审批 18.在上一级党组织的组织部门备案
预备党员的教育考察与转正	19.编入党支部和党小组 20.入党宣誓 21.继续教育考察 22.提出转正申请 23.党支部大会讨论 24.上级党组织审批 25.材料归档

（图 3.2—2）

（3）基层党组织换届工作流程图

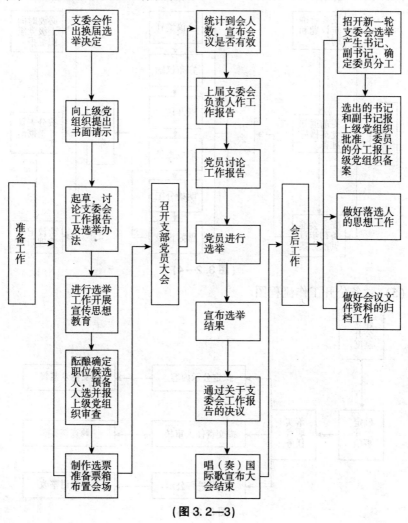

（图 3.2—3）

（4）支部党员大会工作流程图

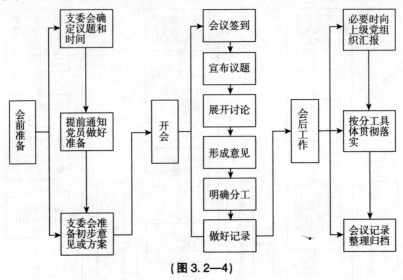

（图 3.2—4）

（5）党务公开工作流程图

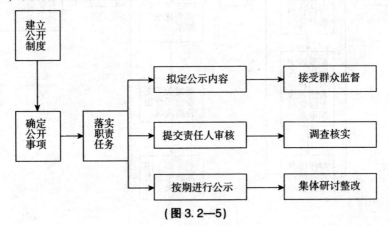

（图 3.2—5）

3.3 纪检监察工作流程图

（1）信访举报流程图

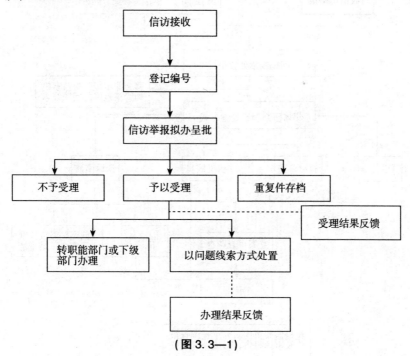

（图 3.3—1）

（2）问题线索处置流程图

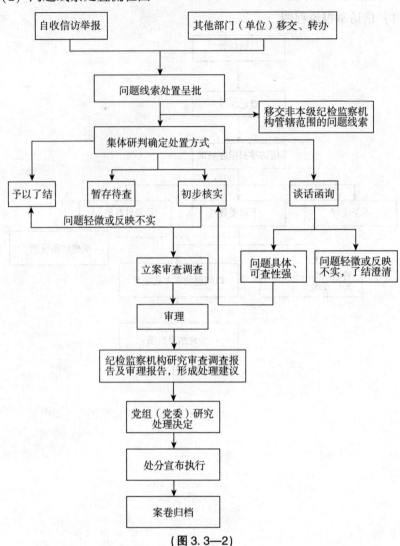

（图 3.3—2）

3.4 专卖监督管理工作流程图

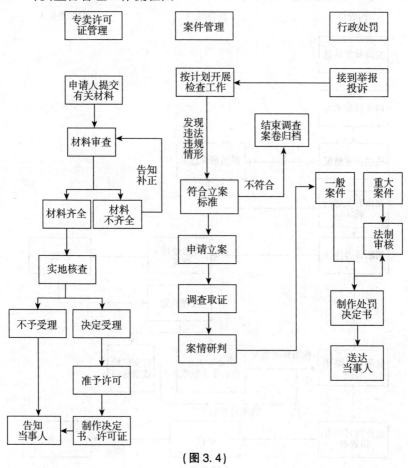

(图 3.4)

3.5 内部专卖管理监督工作流程图

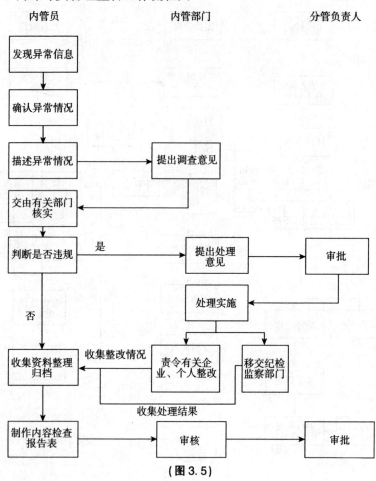

(图3.5)

3.6 烟叶生产工作流程图

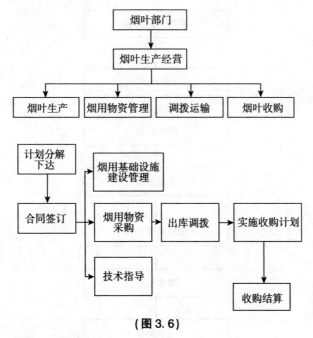

(图 3.6)

3.7 卷烟营销工作流程图

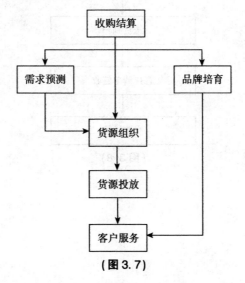

(图 3.7)

3.8 物流配送工作流程图

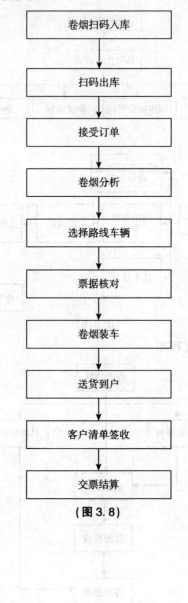

(图 3.8)

3.9 财务管理工作流程图

(1) 市级局 (公司) 财务管理工作流程图

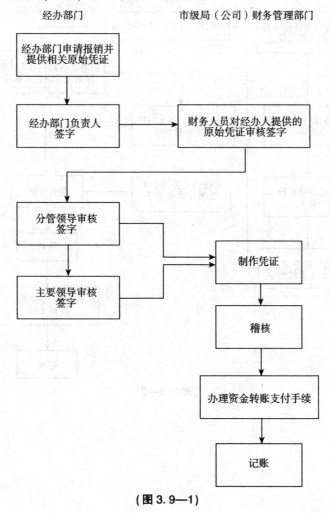

(图 3.9—1)

（2）县级局（分公司）财务管理工作流程图

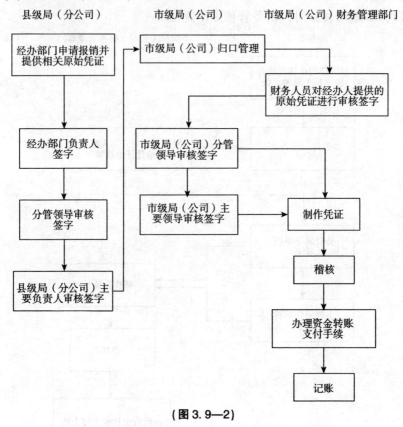

（图 3.9—2）

3.10 审计工作流程图

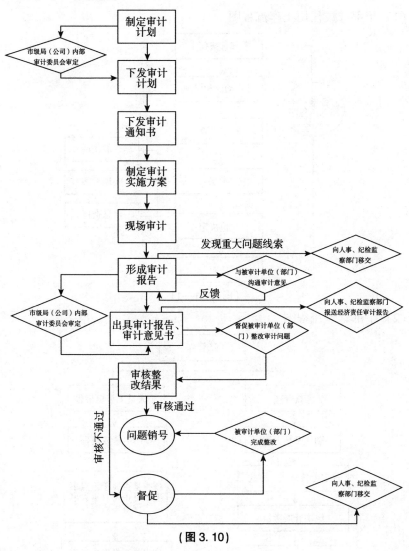

(图 3.10)

3.11 组织人事工作流程图

（1）干部选拔任用工作流程图

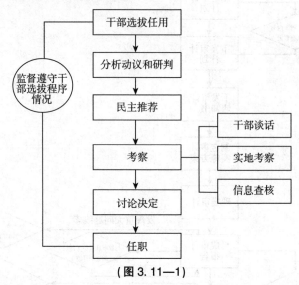

（图 3.11—1）

（2）干部管理流程图

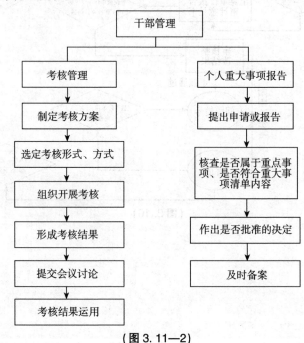

（图 3.11—2）

（3）工资发放流程图

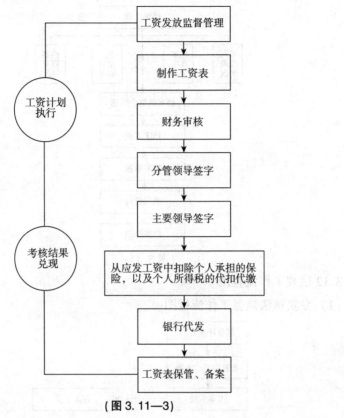

（图 3. 11—3）

（4）教育培训经费工作流程图

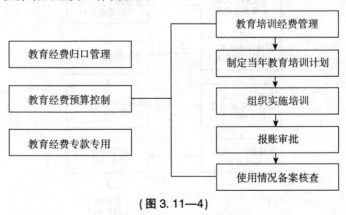

（图 3. 11—4）

（5）档案管理工作流程图

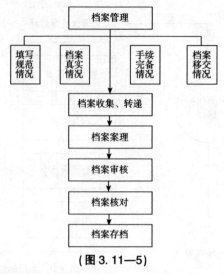

（图 3.11—5）

3.12 法规工作流程图

（1）专卖执法监督工作流程图

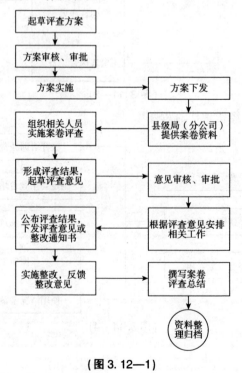

（图 3.12—1）

（2）合同审查工作流程图

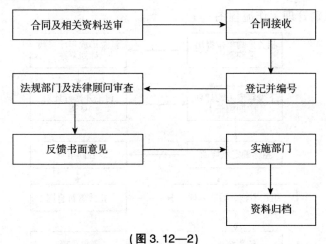

（图 3.12—2）

3.13 规范管理工作流程图

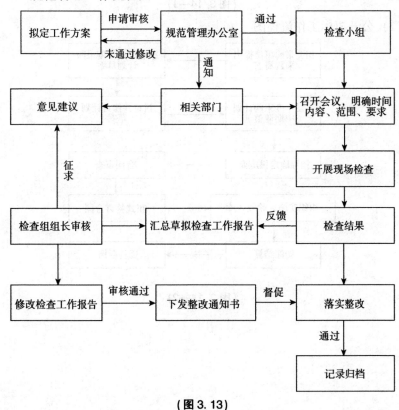

（图 3.13）

3.14 后勤管理工作流程图

(1) 采购管理工作流程图

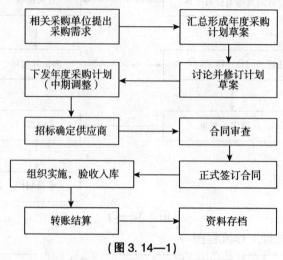

(图 3.14—1)

(2) 公开招标工作流程图

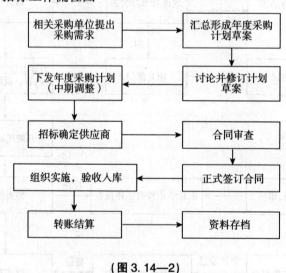

(图 3.14—2)

4. 监督职责目录

4.1 纪检监察巡察监督职责目录

序号	类别	名称
1	纪律监督	对党组织和党员遵守党的政治纪律、中央八项规定精神、组织纪律、廉洁纪律、群众纪律、工作纪律、生活纪律等情况进行监督。
2	监察监督	对所有行使公权力的公职人员履行职责、行使权力以及遵守国家法律法规等情况进行监督。
3	巡察监督	协助党组对下级党组织坚持党的全面领导、执行党中央重大决策部署、履行职能职责等情况进行监督。

4.2 专卖管理监督职责目录

序号	类别	名称
1	烟草专卖管理	负责烟草专卖管理工作,维护两烟生产经营秩序。
2	案件管理	组织、协调、指导下级单位涉烟违法违规大要案件查处,打击假冒伪劣、走私烟草专卖品等违法行为。
3	行政许可	烟草专卖许可证、准运证的办理及其监督、管理。
4	市场监管	监督检查辖区烟草专卖法律法规及规章的执行情况。
5	行政处罚	监督、检查下级单位办理的行政处罚案件。
6	专卖人员监督	对全市烟草专卖管理人员执法活动进行监督管理。

4.3 内部专卖管理监督职责目录

序号	类别	名称
1	组织实施内部专卖管理监督	依据省局的部署和要求,组织和实施全市系统内部专卖管理监督工作。
2	"两烟"监管	对辖区内"两烟"生产经营企业进行监管,组织查处全市系统内部"两烟"生产经营违法、违规案件,落实内部专卖管理监督责任追究制度。

序号	类别	名称
3	内控机制落实监督	督促、协调市级局有关部门制定和落实"两烟"生产经营活动内控制度,并建立相关考核机制。
4	规范经营监督	筛查辖区内不规范经营线索,并按照省局安排查找区外单位不规范经营线索。

4.4 财务管理监督职责目录

序号	类别	名称
1	财务管理	负责全市系统财务管理,财务报表分析、数据生成、资金管理、财务收支。
2	预算管理	预算编制、预算控制、预算执行、预算分析。
3	国有资产管理	资产保值增值、资产价值管理。
4	会计核算	负责会计核算。
5	监督	财务监督。
6	税务管理	负责税收实务管理。

4.5 审计监督职责目录

序号	类别	名称
1	组织实施内部审计监督	根据年度审计计划拟定审计实施方案,组织审计小组开展实施审计,由内部审计委员会审定后形成正式审计报告。
2	督促检查被审计单位(部门)开展整改	向被审计单位(部门)出具审计报告、审计意见书,与被审计单位沟通反馈审计意见书,督促被审计单位(部门)整改。对已整改到位的事项,给予对账销号,对整改不到位的事项,继续督促整改,对未能及时整改、整改不到位或拒绝整改的问题及时向人事、纪检监察部门移交。
3	问题线索移交	在审计中发现的重大问题、线索及时向人事、纪检监察部门移交;对涉嫌违法犯罪问题移交司法部门。

续表

序号	类别	名称
4	落实上级审计工作部署	根据上级审计部门要求开展审计工作。
5	与外部审计协同监督	配合国家审计机关开展审计监督，委托第三方机构进行审计监督。

4.6 组织人事监督职责目录

序号	类别	名称
1	干部人事管理	干部培养、选任、管理、监督及考核。
3	劳动用工管理	定岗定员、员工离岗及流动、劳动录用及解除、岗前培训等。
4	薪酬管理	薪酬发放与管理。
5	社会保险和企业年金管理	社会保险缴纳与管理、企业年金使用与管理。
6	干部职工教育培训	培训计划制定、培训经费管理、组织培训。
7	离退休人员服务管理工作	离退休人员费用发放、生活帮扶、组织学习、维护离退休人员合法权益、开展离退休人员福利事业等。

4.7 法规监督职责目录

序号	类别	名称
1	专卖执法案卷	对办案单位没有执行自由裁量权规定的行政处罚行为，对带有倾向性减轻处罚的行为，在执法案卷审查中未指出或未退回案卷予以整改；年度案卷评查中，评查结果不公正。
2	规范性文件	对规范性文件审核不严，有可能造成具体行为不合法，导致行政复议或行政诉讼案件发生。
3	行政案件诉讼、复议	未向上级部门报送案件情况。
4	执法证件和徽章管理	为不符合专卖执法资格的人员发放行政执法资格证、专卖执法检查证和徽章。

序号	类别	名称
5	合同管理	合同的起草、签订、履行、归档等环节管理不到位,合同的合法性审查不到位。

4.8 规范管理监督职责目录

序号	类别	名称
1	采购项目监督	采购项目不符合实际需要,采购方式未实行"应招尽招""真招实招"。
2	采购程序监管	未履行监管职责,造成采购程序混乱。
3	黑名单管理	收受贿赂对不良供应商不纳入黑名单;不良供应商调查环节通风报信、隐匿证据。
4	采购合同监管	招标文件、采购合同审查不严或擅自改变合同条款造成重大漏洞。
5	办事公开民主管理	信息发布不规范,未在指定范围、媒介发布;信息未及时、全面公开。

5. 党组织落实全面从严治党主体责任清单

5.1 市级局（公司）党组主体责任清单

序号	责任内容
1	1.1 坚决维护以习近平同志为核心的党中央权威和集中统一领导,把党中央决策部署及上级党组织决定落到实处。
2	2.1 坚决贯彻执行党的路线、方针、政策及行业党建工作安排部署,统筹推进全市系统党的建设和高质量发展,充分发挥党组把方向、管大局、保落实的领导作用。 2.2 研究部署全市系统年度党的建设工作,每季度召开党的建设工作领导小组会议,讨论党建工作重要事项,解决重大问题;每年至少召开一次党建工作座谈会,总结交流党建工作经验,查找存在问题,明确工作方向,研究部署下半年重点工作任务。

续表

序号	责任内容
3	3.1 认真落实国家局党组《贯彻〈党委（党组）落实全面从严治党主体责任规定〉具体措施》，召开全市系统落实全面从严治党"两个责任"工作会议，安排部署全市系统党的建设暨落实全面从严治党主体责任年度任务。
	3.2 每半年召开党组会议专题研究全面从严治党工作，分析解决瓶颈和短板，提出加强和改进的措施。
	3.3 主体责任落实情况作为民主生活会领导班子和班子成员对照检查内容。
4	4.1 以党章为根本遵循，以党的政治建设为统领，坚定政治信仰，强化政治领导，提高政治能力，始终在政治立场、政治方向、政治原则、政治道路上同党中央保持高度一致，增强"四个意识"，坚定"四个自信"，做到"两个维护"，涵养良好政治生态。
5	5.1 把学习贯彻习近平新时代中国特色社会主义思想作为首要政治任务，制定党组理论学习中心组年度学习计划，每年学习不少于 12 天，每年末向省局党组书面报告年度学习计划落实情况。
	5.2 开展经常性党章党规和党性党风党纪教育，注重发挥正反典型的示范警示作用，广泛开展党史、新中国史、改革开放史、社会主义发展史和革命传统教育，引导党员干部坚定理想信念，坚守初心使命。
6	6.1 坚持马克思主义在意识形态领域指导地位的根本制度，按照"建设具有强大凝聚力和引领力的社会主义意识形态"工作总要求，全面落实意识形态工作责任制。
	6.2 每年至少两次专题研究意识形态工作，分析研判形势；每半年按照保密工作要求，向省局党组报送意识形态工作情况。
7	7.1 贯彻党管干部、党管人才原则，加强对选人用人工作的领导和把关，落实对党忠诚、勇于创新、治企有方、兴企有为、清正廉洁的要求，研究党组管理干部的推荐、任免、调动、奖惩、考核、监督以及年轻干部培养等事项。
	7.2 坚持严管与厚爱结合、激励与约束并重，严格干部考核管理，贯彻执行《烟草行业推进领导干部能上能下实施办法（试行）》，树立能者上、优者奖、庸者下、劣者汰的选人用人导向，努力建设忠诚干净担当的高素质专业化干部队伍。

序号	责任内容
8	8.1 健全全市系统党的基层组织和工作机构，配齐配强市、县两级局党务工作力量。
	8.2 严格执行党费收缴使用管理及党费专用账户管理制度。党组织工作经费每年按照规定比例计提，在会计科目中单独设置，定期下拨基层党组织，保障工作正常开展。
	8.3 加强党务人员培训，不断提升政策理论水平和业务能力。落实《中国共产党党员教育管理工作条例》，抓好党员教育管理，组织领导党内集中教育，严格落实党内政治生活，不断增强基层党组织政治功能和组织力。
9	9.1 加强落实全面从严治党主体责任的监督检查，每年年初向上级党组织书面报告上一年度落实全面从严治党主体责任情况。
	9.2 制定巡察工作规划和年度巡察工作方案，把落实全面从严治党主体责任情况作为重要内容，着力发现和解决责任不明确、不全面、不落实等问题。
10	10.1 加强和改进全面从严治党主体责任考核工作，坚持党建工作与业务工作同谋划、同部署、同推进、同考核，统筹推进党风廉政建设、意识形态工作、基层党建工作等方面的考核。
	10.2 发挥考核结果导向作用，把考核结果作为基层单位领导班子总体评价和领导干部选拔任用、实绩评价、激励约束的重要依据。
11	11.1 严格执行《陕西省烟草专卖局（公司）问责工作实施细则（试行）》（陕烟党〔2019〕44号），完善问责追责制度，细化具体工作措施，加强对全面从严治党责任落实不到位的追责问责，及时通报因责任落实不力被问责的典型问题。
	11.2 采取组织调整或组织处理、纪律处分方式问责的党员、干部，以适当方式公开。
12	12.1 持之以恒落实中央八项规定及其实施细则精神，严查违规吃喝、享乐奢靡等问题，落实提醒督查机制。
	12.2 持续整治形式主义、官僚主义，深化治理只表态不落实、不担当不作为等突出问题，构建作风建设长效机制。

序号	责任内容
13	13.1 履行党风廉政建设主体责任，支持纪检监察机构履行监督责任，定期听取重要情况报告，分析研判反腐败形势和政治生态，研究解决重大问题。
	13.2 监督检查本单位党风廉政建设情况和下级领导班子、领导干部廉洁自律情况，对问题线索处置、执纪审查等加强审核把关，一体推进不敢腐、不能腐、不想腐。
14	14.1 持续抓好系统性廉洁风险防治，紧盯工程项目、物资采购、营销费用、大额资金、选人用人等重点领域和关键环节，建立健全内控机制，深化改革创新，营造公开、透明、规范、竞争的经营环境，强化对权力运行的制约和监督。
15	15.1 以党内法规制度为根本遵循，建立健全党建工作制度体系。
	15.2 开展常态化制度学习和宣传，着力构建全覆盖的制度执行监督机制，不断强化制度执行意识，狠抓制度落实，依法依规办事，发挥治理效能。
16	16.1 落实《中国共产党国有企业基层组织工作条例（试行）》精神，加强与地方党委的沟通协调，支持配合地方党委对所属单位党的工作的统一领导。
	16.2 认真落实机关党建走在前、作表率要求，自觉接受市直机关工委对市级局（公司）机关党建主体责任的指导督促，建设让上级组织放心、职工群众满意的模范机关，引领带动全市系统抓好全面从严治党。
17	17.1 贯彻落实《中国共产党统一战线工作条例（试行）》，将全市系统统战工作纳入议事日程，定期研究部署，推动国企统战工作落到实处。
	17.2 加强对群团工作的组织领导，创新工作机制，强化服务功能，加大保障力度，支持工会、青工委、妇委会等群团组织依照各自章程独立负责地开展工作。
18	18.1 强化问题意识，善于发现问题，勇于正视问题，有效解决问题，发扬斗争精神，着力解决全市系统全面从严治党存在的突出问题，努力营造风清气正的干事创业环境。

5.2 市级局（公司）党组书记主体责任清单

序号	责任内容
1	全面负责全市系统党的建设，主持制定党的建设暨落实全面从严治党主体责任年度工作任务部署，明确责任分工和完成时限，抓好重点工作谋划、部署、推动、督促和考核，切实履行全面从严治党第一责任人职责。
2	带头做到"两个维护"，遵守执行全面从严治党各项规定，遵守党章党规党纪，严守政治纪律和政治规矩，坚持民主集中制，自觉接受监督。
3	带头加强理论武装，按规定要求主持党组理论学习中心组学习，深入学习贯彻习近平新时代中国特色社会主义思想，认真学习《中国共产党章程》等党内法规，坚定理想信念增强党性修养。
4	认真履行意识形态工作第一责任人责任，带头抓意识形态工作，带头批评错误观点和错误倾向，坚持重大舆情亲自处置。
5	认真落实基层联系点制度，深入基层开展调查研究，结合工作实际，带头到基层联系点和基层单位，听取基层党员、干部、群众关于全面从严治党的意见建议，发现和解决工作中的突出问题。
6	每半年至少主持召开1次党组会议，专题研究全面从严治党工作，分析研判形势，解决瓶颈和短板问题，提出加强和改进的措施。
7	每季度至少主持召开1次党的建设工作领导小组会议，加强对全市系统党的建设工作的指导，听取工作汇报，及时研究解决重大问题。
8	加强对纪检监察工作的领导，经常研究党风廉政建设和反腐败工作，审批有关请示报告事项，研判问题线索，坚决支持纪检监察机构严格监督执纪问责、严肃查处违规违纪问题。
9	主持召开领导班子民主生活会，带头将本人落实全面从严治党责任情况作为民主生活会对照检查内容，开展严肃认真的批评和自我批评。带头以普通党员身份参加所在党支部的组织生活。
10	对领导班子其他成员、县级局（分公司）党支部书记，发现存在政治、思想、工作、生活、作风、纪律等方面苗头性、倾向性问题的，要及时进行提醒谈话。

续表

序号	责任内容
11	管好班子、带好队伍、抓好落实，支持、指导和督促领导班子其他成员、县级局（分公司）党支部履行全面从严治党责任，对责任落实不到位、问题较多、党员群众反映较多的，要及时进行约谈，严肃批评教育，督促落实责任。
12	严格执行中央八项规定及其实施细则精神，认真落实重大事项请示报告制度，做好表率。
13	领导和推动上级巡视巡察、专项工作反馈问题的整改落实。

5.3 市级局（公司）党组班子成员主体责任清单

序号	责任内容
1	自觉做到"两个维护"，遵守执行全面从严治党各项规定，遵守党章党规党纪，严守政治纪律和政治规矩，坚持民主集中制，自觉接受组织和各方面监督。
2	强化理论武装，按规定要求参加党组理论学习中心组学习，深入学习贯彻习近平新时代中国特色社会主义思想，认真学习《中国共产党章程》等党内法规，坚定理想信念，增强党性修养。
3	抓好分管部门、分管领域的意识形态工作，对重大事件、重要情况中的苗头性倾向性问题，有针对性地进行引导，对存在苗头性问题的包联单位、分管部门和个人经常约谈和提醒，问题严重的，及时报告市级局（公司）党组，维护意识形态安全。
4	认真落实基层联系点制度，深入基层开展调查研究，听取基层党员、干部、群众关于全面从严治党的意见建议，发现和解决工作中的突出问题。
5	全面掌握分管领域党的建设和全面从严治党情况，推动党建工作与业务工作深度融合，发现问题、研究问题、提出建议，供党组决策参考。
6	认真落实领导班子民主生活会要求，将本人落实全面从严治党"一岗双责"情况作为民主生活会对照检查内容，开展严肃认真的批评和自我批评。自觉以普通党员身份参加所在党支部的组织生活。
7	认真落实全面从严治党重要领导责任，按照"一岗双责"要求，检查、督促分管领域、分管部门和基层联系点全面从严治党工作，对分管领域、分管部门党员干部从严进行教育管理监督。

序号	责任内容
8	支持、指导和督促基层联系点党支部书记履行全面从严治党责任,对责任落实不到位、问题较多、党员群众反映较多的,要及时进行约谈,严肃批评教育,督促落实责任。
9	严格执行中央八项规定及其实施细则精神,认真落实重大事项请示报告制度,做好表率。
10	认真抓好上级巡视巡察、专项工作检查中向分管部门反馈问题的整改落实。

6. 贯通协同监督事项清单

序号	贯通协调事项	责任部门	配合部门
1	纪检监察机构将信访举报综合分析、政治生态研判、执纪审查以及日常监督工作中发现的反映烟草专卖许可证管理、行政执法、行业内部违法违规生产经营烟草专卖品等有关问题,及时通报专卖监督管理部门。	纪检监察科	专卖监督管理科(内管派驻办)
2	纪检监察机构对本系统干部职工违规办证、私放案件等相关违纪违法问题线索,必要时可联合专卖监督管理部门组织开展核查。	纪检监察科	专卖监督管理科(内管派驻办)
3	专卖监督管理部门在工作中发现以及"12313"热线反映的领导干部涉嫌违纪违法、以烟谋私问题等线索并了解情况,及时移交纪检监察机构处理。	专卖监督管理科(内管派驻办)	纪检监察科
4	专卖管理监督部门将专卖内管监督检查、查处行业内部违法违规生产经营烟草专卖品有关重要案件、专卖执法队伍违反"六个严禁"等情况,及时通报纪检监察机构。	专卖监督管理科(内管派驻办)	纪检监察科

序号	贯通协调事项	责任部门	配合部门
5	对本系统干部职工组织、参与违法违规生产经营的重要案件，专卖管理监督部门可与纪检监察机构联合组织开展核查。	专卖监督管理科（内管派驻办）	纪检监察科
6	加强财务审计和纪检监察工作计划衔接，在研究拟定年度工作计划、确定年度重点工作时，加强事前衔接，推动协调一致，同向发力。	纪检监察科	财务管理科（审计派驻办）
7	对重要审计项目特别是主要领导干部经济责任审计项目，审计部门在开展审前调查、专项监督检查时，商纪检监察机构提供有关问题线索、需重点关注的领域和事项。	财务管理科（审计派驻办）	纪检监察科
8	审计结束后及时反馈了解到的有关问题线索以及需重点关注领域和事项的核实情况；将经济责任审计、专项审计报告及审计发现问题清单等及时提供给纪检监察机构。	财务管理科（审计派驻办）	纪检监察科
9	审计部门将掌握的被审计单位落实党中央重大决策部署、履行烟草行业职责使命等方面情况通报纪检监察机构。	财务管理科（审计派驻办）	纪检监察科
10	纪检监察机构将审计结果作为政治生态研判、党风廉政建设工作成效评估的重要依据。	纪检监察科	财务管理科（审计派驻办）
11	财务审计部门在财务监督、审计工作中发现领导干部或有关党组织涉嫌违纪违法问题线索及需要采取纪律处分等方式问责处理事项，按干部管理权限及时移交纪检监察机构。	财务管理科（审计派驻办）	纪检监察科
12	纪检监察机构对反映问题线索认真核查，综合用好巡视巡察等其他监督成果，严把政治关、品行关、作风关、廉洁关，及时向组织人事部门回复干部选拔任用党风廉政意见。	纪检监察科	人事科

序号	贯通协调事项	责任部门	配合部门
13	纪检监察机构在日常监督、执纪问责等工作中发现领导干部存在需要进行组织处理的问题，按照规定向组织人事部门提出建议。	纪检监察科	人事科
14	组织人事部门及时向纪检监察机构通报给予组织处理的情况。	人事科	纪检监察科
15	本级党组管理干部涉嫌违纪违法被立案审查调查的，纪检监察机构应及时向组织人事部门提供立案决定书；对干部进行处理处分的，按干部管理权限及时将处理处分材料送组织人事部门。	纪检监察科	人事科
16	组织人事部门在开展干部队伍建设调研、考察考核、评优评先等工作时，商纪检监察机构提供有关单位政治生态研判、领导干部廉洁自律等情况。	人事科	纪检监察科
17	组织人事部门将考察考核及日常工作中掌握的涉及党组织全面从严治党、党员领导干部廉洁自律等情况，经综合汇总分析后通报纪检监察机构。	人事科	纪检监察科
18	纪检监察机构在履行职责时，经纪检组长和分管组织人事的领导批准同意，商组织人事部门查阅本级党组管理干部人事档案、个人事项报告等材料。	纪检监察科	人事科
19	纪检监察机构建立健全党员领导干部廉政档案，商组织人事部门提供本级党组管理干部任免情况、人事档案情况、因不如实报告个人事项等受到处理的情况。	纪检监察科	人事科

续表

序号	贯通协调事项	责任部门	配合部门
20	纪检监察机构收到反映选人用人方面的信访举报，经分析研判属组织人事部门受理的，按有关规定转组织人事部门。	纪检监察科	人事科
21	组织人事部门将工作中发现领导干部涉嫌违纪违法问题线索及时移交纪检监察机构处理。必要时，可联合组织开展核查。	人事科	纪检监察科
22	纪检监察机构将信访举报综合分析、政治生态研判以及执纪审查、日常监督工作中发现的反映物资采购、招投标等方面有关问题定期通报规范管理部门。	纪检监察科	法规科（规范办）
23	纪检监察机构查处有关案件或收到其他纪检监察机关、司法机关转来党纪政务（政纪）处分决定、刑事判决书、刑事裁定书等，及时将存在行贿行为供应商等情况通报规范管理部门。	纪检监察科	法规科（规范办）
24	规范管理部门将存在行贿行为供应商列入"黑名单"的情况告知纪检监察机构。	法规科（规范办）	纪检监察科
25	规范管理部门向纪检监察机构通报采购活动督查、专项检查以及领导干部违反规定干预和插手采购活动有关情况。	法规科（规范办）	纪检监察科
26	规范管理部门将工作中发现领导干部涉嫌违纪违法问题线索及时移交纪检监察机构，必要时可联合组织开展核查。	法规科（规范办）	纪检监察科
27	巡察办与有关监督部门建立信息交流共享机制，及时通报党中央关于巡视工作决策部署以及省局、市级局（公司）党组关于巡视巡察工作的新要求，及时通报本级巡察工作计划、重要工作安排等信息。	巡察办	人事科、财务管理科（审计派驻办）、专卖监督管理科（内管派驻办）、法规科（规范办）、纪检监察科

续表

序号	贯通协调事项	责任部门	配合部门
28	有关监督部门及时向巡察办提供业务管理范围内的政策规定、重要情况通报等材料。	人事科、财务管理科（审计派驻办）、专卖监督管理科（内管派驻办）、法规科（规范办）、纪检监察科	巡察办
29	纪检监察机构向巡察办提供党风廉政建设、信访举报综合分析等情况。	纪检监察科	巡察办
30	专卖、内管部门向巡察办提供被巡察单位贯彻落实内管内控制度、"两烟"规范经营、监督检查案件等情况。	专卖监督管理科（内管派驻办）	巡察办
31	财务、审计部门向巡察办提供被巡察单位的财务监督、审计监督和整改等情况。	财务管理科（审计派驻办）	巡察办
32	组织人事部门向巡察办提供被巡察单位的班子队伍建设、选人用人、基层党组织建设等情况。	人事科	巡察办
33	规范管理部门向巡察办提供被巡察单位的招投标、采购管理等情况。	法规科（规范办）	巡察办

续表

序号	贯通协调事项	责任部门	配合部门
34	建立政策咨询和重要问题会商机制,对涉及有关监督部门业务范围内的政策界限、问题定性等事项进行咨询,涉及重要复杂问题的,在中期会商中研究解决。	巡察办	人事科、财务管理科(审计派驻办)、专卖监督管理科(内管派驻办)、法规科(规范办)、纪检监察科
35	根据工作需要,经巡察工作领导小组批准,可以在常规巡察中嵌入专卖内管、财务审计、选人用人、人事档案、规范管理等专项检查。		
36	巡察反馈后,充分发挥纪检监察、组织人事等部门在整改中的职能作用,持续强化跟踪督办和成效评估,掌握整改进展情况,及时发现问题并督促改正。		
37	各监督部门负责职责范围内问题整改的督促检查和日常监督,重点督办典型问题,有关情况及时通报巡察办。	人事科、财务管理科(审计派驻办)、专卖监督管理科(内管派驻办)、法规科(规范办)、纪检监察科	巡察办
38	巡察发现的问题线索,由党组作出分类处置的决定后,依据干部管理权限和职责分工,进行移交。	巡察办	纪检监察科
39	对领导干部涉嫌违纪的线索和作风方面的突出问题,移交有关纪检监察机构。		
40	对执行民主集中制、干部选拔任用等方面存在的问题,移交有关组织人事部门。		人事科
41	其他问题移交相关单位。		各基层单位

209

序号	贯通协调事项	责任部门	配合部门
42	审计部门将以往巡察发现问题的整改情况作为经济责任审计的重要内容。	财务管理科（审计派驻办）	巡察办
43	巡察办将被巡察单位审计发现问题整改情况作为"四个落实""三个聚焦"重要内容，实现巡视巡察、审计整改互相促进，推动一体整改。	巡察办	财务管理科（审计派驻办）
44	被巡察单位报送落实整改情况后，巡察办牵头组织有关监督职能部门对落实整改情况进行审核、评估。	巡察办	人事科、财务管理科（审计派驻办）、专卖监督管理科（内管派驻办）、法规科（规范办）、纪检监察科，各基层单位
45	巡察办协调有关部门和单位，择优选取各业务条线骨干人员，纳入人才库，并实现定期优化、动态更新。巡察办、组织人事部门按照分工加强对推荐入库人选进一步审核把关，统筹负责人才库管理、维护、更新。	巡察办	

7. 贯通协同监督责任清单

7.1 纪检监察部门贯通协同监督责任清单

监督对象	监督事项	监督内容	监督时间节点	监督方式	监督结果运用
本级党组织、下级党组织	政治监督	1. 执行党章党规党纪和宪法法律法规情况； 2. 对党中央重大决策部署和习近平总书记重要指示批示精神落实情况； 3. 上级党组织决策部署落实情况。	日常	通过列席会议、重大事项请示报告、提出意见建议等方式，落实纪检组关于强化对同级党组和下级党组织的政治监督。	对发现的同级党组织的问题按程序上报，下级党组织的问题依规依纪问责处理。

监督对象	监督事项	监督内容	监督时间节点	监督方式	监督结果运用
本级领导班子成员、下级党组织	对落实党风廉政建设责任制的监督	本级领导班子其他成员落实党风廉政建设"一岗双责"情况。	定期	向同级党组织领导班子成员通报其分管领域领导干部遵守党章党规、廉洁自律等情况。	定向通报、反馈。
		下级党组织落实党风廉政建设主体责任及"一岗双责"情况。	定期	日常检查，定期考核，年度述责述廉。	通报或问责处理；下发纪检监察建议书；纳入部门或单位年度综合考核。
本级党组织、领导班子成员，下级党组织	对贯彻执行"三重一大"决策制度的监督	1. "三重一大"事项纳入决策范围情况； 2. 坚持依法决策、集体决策、科学决策、民主决策情况； 3. 严格按照决策贯彻执行情况。	决策事前、事中、事后	参加或列席同级班子会议，监督"三重一大"议事决策过程，检查"三重一大"决策事项落实结果。	1. 发现违反决策制度的行为要及时制止并提出处理意见； 2. 部门或下级单位落实不力的进行通报、下发纪检监察建议或问责处理。

续表

监督 对象	监督 事项	监督 内容	监督时间 节点	监督 方式	监督结果 运用
本级党组织、组织人事部门	选人用人监督	执行干部选拔任用政策情况。	选拔任用事前事中	1. 纪检组长参与研究、决策过程； 2. 纪检监察部门参与干部考察研判。	对选拔任用过程存在问题的提出反对意见，或上报上级纪检组。
		落实干部选拔任用廉政审查情况。	选拔任用前	审查拟任用干部遵守廉洁纪律及群众反映情况。	人事部门依据回复意见正常、暂缓或否定任用。
本级党组织及成员、各部门，下级党组织	党风廉政监督	1. 贯彻落实中央八项规定精神、纠治"四风"； 2. 整治群众身边腐败和作风问题。	日常	定期检查、明察暗访、年终检查考核。	下发通报、审查调查或问责处理。
全体干部职工	行使权力监督	1. 依法履职； 2. 秉公用权； 3. 廉洁从政从业。	日常	专项检查、明察暗访、谈心谈话。	苗头性倾向性问题谈话函询、违纪违法需要追究党纪法律责任的依规依纪依法审批立案审查调查。

7.2 巡察部门贯通协同监督责任清单

监督对象	监督事项	监督内容	监督时间节点	监督方式	监督结果运用
所属县区局（分公司）及物流分公司党支部领导班子及其成员	巡察监督	1. 落实"两个维护"情况； 2. 落实全面从严治党"两个责任"情况； 3. 落实新时代党的组织路线情况； 4. 落实巡视巡察、审计反馈问题整改情况； 5. 落实高质量发展政策措施情况。	巡察事前、事中、事后	1. 听取汇报； 2. 个别谈话； 3. 受理信访举报； 4. 调阅、复制有关文件、档案、会议记录等资料； 5. 召开座谈会； 6. 列席被巡察单位的有关会议； 7. 民主测评、问卷调查； 8. 下沉调研、专项检查。	1. 提出反馈意见被巡察单位落实整改； 2. 被巡察党支部领导班子成员涉嫌违纪的问题线索和作风方面的突出问题，移交纪检监察机构； 3. 涉及选人用人和领导干部不担当不作为方面的突出问题移交人事部门； 4. 涉及意识形态领域的问题线索移交党建部门； 5. 被巡察党支部和主要负责人涉嫌严重违纪违法问题线索，按规定移交纪检监察机构办理。

7.3 专卖内管部门贯通协同监督责任清单

监督对象	监督事项	监督内容	监督时间节点	监督方式	监督结果运用
烟叶分公司	烟叶生产经营监管	种烟面积核查、合同签订监管、收购全流程监管。	日常检查专项检查	移栽、收购期专项检查。	责令限期整改、约谈方式督导整改、通报批评、涉嫌违纪的移交纪检部门、涉嫌违法的移交相关部门。

续表

监督对象	监督事项	监督内容	监督时间节点	监督方式	监督结果运用
卷烟营销部门	卷烟经营监管	需求预测、品牌进退、货源组织、客户分档、营销策略、订单采集、货款结算。	日常检查专项检查	半年、年度检查。	下达责令整改通知书、通报批评、约谈督导、涉嫌违纪的移交纪检部门、涉嫌违法的移交相关部门。
物流部门	物流配送环节监管	卷烟打扫码、物流配送监管。	日常检查专项检查	半年、年度检查。	责令限期整改、进行督导整改、通报批评涉嫌违纪的移交纪检部门、涉嫌违法的移交相关部门。
"两烟一专"从业人员	从业规范	直系亲属卷烟经营及烟叶生产。	个人报备材料检查	入职报备检查、日常检查中附带检查。	责令限期报备、调离服务辖区、涉嫌违法的立案调查。
专卖执法队伍	行政执法监管	行政许可、行政处罚、案件管理。	执法案卷抽查、定期检查	随机抽查、不定期检查、专项检查。	责令改正执法决定、撤销违法执法决定、涉嫌违纪的移交纪检部门、涉嫌违法的移交相关部门。

7.4 财务部门贯通协同监督责任清单

监督对象	监督事项		监督内容	监督时间节点	监督方式	监督结果运用
同级及下级部门	预算管理	预算编制	审查预算编制程序的规范性。	1. 根据监督对象的申请； 2. 根据年度预算计划定期进行监督。	日常监督 专项监督	1. 提供财务审核意见； 2. 监督整改； 3. 发现问题、线索移交。
		预算执行	审查预算执行程序的规范性。			
	财务内部管理		审查财务管理行为的合法合规性。	常态化监督。		
	资产管理		审查对账工作的合规性。	根据工作计划定期进行监督检查。		
			审查资产管理工作的合规性。			
			审查清理工作的规范性。			
	资金管理		按照财经制度、资金管理规定及合同约定付款。	经办部门申请支付时，工程项目实施过程中定期监督检查。		

续表

监督对象	监督事项		监督内容	监督时间节点	监督方式	监督结果运用
总账会计		会计核算	会计核算的规范性。	月末、年末完成的会计核算工作。		
		会计报表	会计报表数据的真实性。	对会计报表进行定期检查监督。		
资金会计	资金预算		报账行为的规范性。	根据年度预算计划定期进行监督。		
税务会计	税款计算		税款计算工作的准确性。	审核支付税款时。		
	税款申报		税款申报行为的规范性。	税款申报时。		
烟叶核算会计	烟叶核算		烟叶成本核算的准确性、真实性。	申请烟叶成本款项时；成本核算过程进行监督。		
费用会计	费用核算		费用核算行为的规范性。	费用核算过程中进行监督。		
出纳			资金安全、款项支付的准确性。	付款环节。		

7.5 审计部门贯通协同监督责任清单

监督对象	监督事项	监督内容	监督时间节点	监督方式	监督结果运用
被审计单位（部门）	经济监督	经济责任审计。	项目实施事前、事中、事后	1. 下级单位主要负责人任期经济责任审计； 2. 下级单位主要负责人离任经济责任审计。	1. 发现问题线索移交； 2. 出具审计意见书； 3. 监督整改。
		重大政策制定情况、资产管理等其他专项审计。		根据年度审计计划或内部审计委员会安排适时开展。	
		财务收支审计。			
		工程项目审计。			

7.6 组织人事部门贯通协同监督责任清单

监督对象	监督事项	监督内容	监督时间节点	监督方式	监督结果运用
县级局(分公司)	干部选拔任用过程监督管理	是否严格按照规定的职数选拔任用股级干部。	节点：干部动议环节、干部选拔任用程序结束后 频次：年度选人用人检查	选人用人检查、一报告两评议。	1. 根据监督情况，及时反馈情况，提出整改要求； 2. 涉嫌选人用人违纪，按照相关规定处理。
		是否严格按照股级干部选任程序选拔任用股级干部。			

续表

监督对象	监督事项	监督内容	监督时间节点	监督方式	监督结果运用
干部监督考核管理		领导班子和领导干部的政治素质。	1.平时考核:节点:每季度 2.年度考核:节点:次年年初,一年一次 3.专项考核:节点:由人事部门根据阶段工作重点决定 频次:由人事部门根据阶段工作重点决定 4.全面考核:节点:由党组会同人事部门决定 频次:每2～3年开展一次。	1.平时考核:干部调研、巡察、督查、督导; 2.年度考核:述廉述职、民主测评、个别谈话; 3.专项考核:总结汇报、民主测评、个人谈话、组织生活会; 4.全面考核:专题调研、总结述职、民主测评、个别谈话。	1.情况反馈; 2.根据考核结果,及时分析总结,吸取经验教训; 3.根据考核结果,进行通报表彰、提醒谈话、班子或成员调整、写书面报告、约谈等; 4.根据考核发现的问题予以谈话提醒直至组织处理; 5.发现违纪违法问题线索,移送纪检监察、司法机关处理; 6.年度考核结果存入人事档案。
		领导班子和领导干部的履职能力。			
		领导班子和领导干部工作成效。			
		领导班子和领导干部作风表现。			
		重大事项请示报告落实情况			
干部日常监督管理		重大事项请示报告落实情况	节点:重大事项发生前、后 频次:按照清单中所列重大事项的发生频次进行实时监督	抽查、检查、群众来信来访举报。	1.填写个人事项报告表; 2.抽查结果反馈; 3.不如实报告的,按照规定处置; 4.计入干部监督档案。
人员编制监督管理		机构编制执行情况	节点:年度	选人用人检查。	对违规设置机构、超职数配备人员的,按照机构编制管理规定进行处理。

续表

监督 对象	监督 事项	监督 内容	监督时间 节点	监督 方式	监督结果 运用
工资 发放 监督 管理		执行工资政策和 计划	节点:年度	检查人力资源工 资发放系统。	1. 及时整改; 2. 对未按照工资管 理规定执行的追究 相关责任人责任; 3. 构成违纪违法,交 由组织处理。
		考核结果兑现	节点:按照各类 考核节点		
教育 培训 经费 管理		按照年度培训计 划实施教育培训 情况	节点:每半年发 教育培训通报	通报、检查教育 培训管理系统。	1. 及时总结分析; 2. 纳入专项考核、年 度考核。
		按照经费定额标 准开展教育培训 情况	节点:报账结算 环节		
保险 监督 管理		足额申报缴纳 情况	节点:年度	检查申报资料、 台账、财务管理 系统。	1. 及时整改; 2. 对未按照工资管 理规定执行的追究 相关责任人责任; 3. 构成违纪违法,交 由组织处理。
		各项保险台账建 立与记载情况			
		个人应缴费部分 足额扣除情况			
劳动 关系 管理		县级局(分公 司)根据市级局 (公司)授权签 订劳动合同的, 劳动合同是否 及时续签、解除	节点:年度	检查劳动合同、 台账。	1. 及时整改; 2. 因劳动关系管理 不善造成负面影响 的,追究相关责任人 责任。

7.7 法规部门贯通协同监督责任清单

监督对象	监督事项	监督内容	监督时间节点	监督方式	监督结果运用
执法部门	执法监督	专卖执法	日常检查专项检查	全流程	1. 提供审核意见； 2. 发现问题并监督整改； 3. 线索移交。
		规范性文件			
		案件诉讼、复议			
		执法证件和徽章管理			
		合同审查			

7.8 规范管理部门贯通协同监督责任清单

监督对象	监督事项	监督内容	监督时间节点	监督方式	监督结果运用
各部门各单位	采购监督	采购项目	日常检查专项检查	全流程	1. 提供审核监督意见； 2. 发现问题并监督整改； 3. 线索移交。
		采购程序			
		采购供应商			
		采购信息公开招标、采购合同			

8. 贯通协同监督流程图

8.1 纪检监察部门贯通协同监督流程图

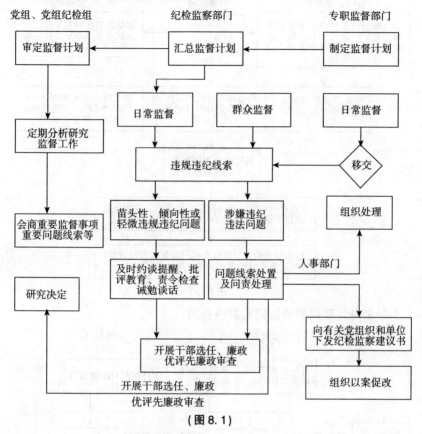

（图 8.1）

8.2 巡察部门贯通协同监督流程图

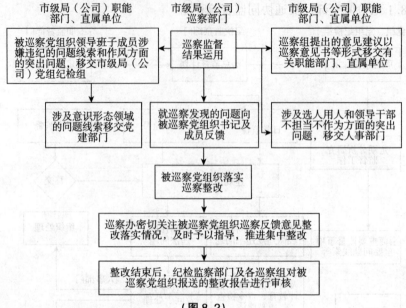

（图8.2）

8.3 专卖内管部门贯通协同监督流程图

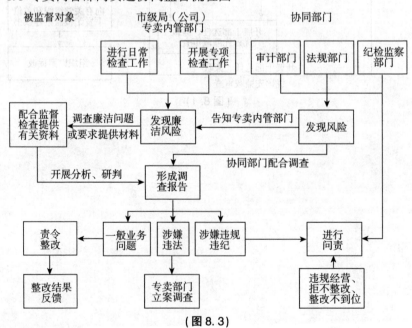

（图8.3）

8.4 财务部门贯通协同监督流程图

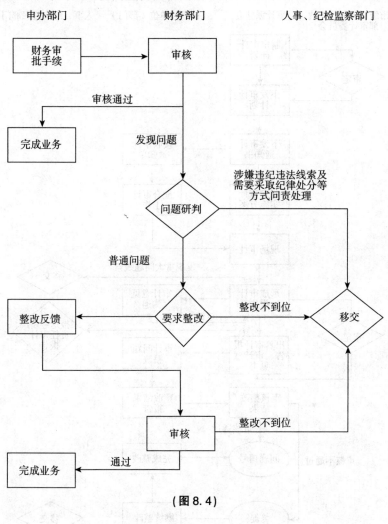

(图 8.4)

8.5 审计部门贯通协同监督流程图

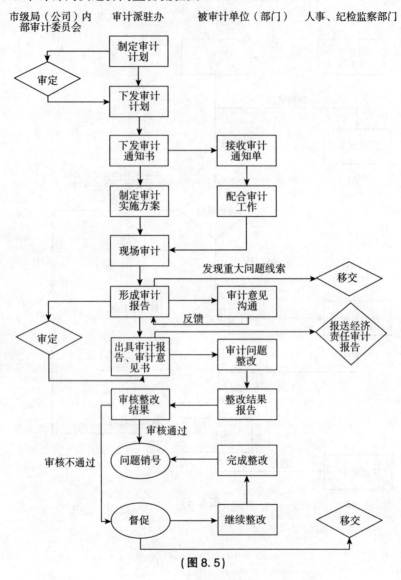

市级局（公司）内部审计委员会　　审计派驻办　　被审计单位（部门）　　人事、纪检监察部门

（图 8.5）

8.6 人事部门贯通协同监督流程图

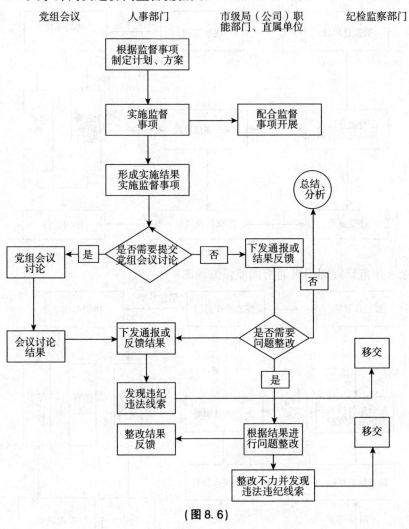

（图8.6）

8.7 法规部门贯通协同监督流程图

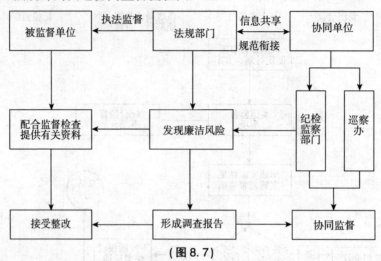

（图 8.7）

8.8 规范管理部门贯通协同监督流程图

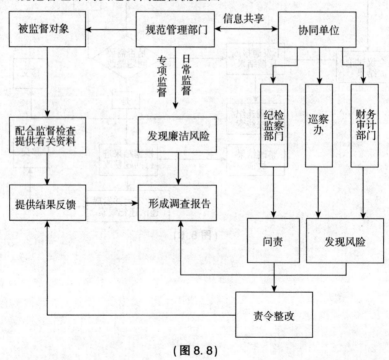

（图 8.8）

9. 相关主要配套制度

9.1 纪检监察（巡察）部门

（1）中华人民共和国监察法

（2）中华人民共和国监察法实施条例

（3）中国共产党纪律处分条例

（4）中国共产党党内监督条例

（5）安康市烟草专卖局纪检监察工作规范

（6）严禁领导干部违反规定干预和插手采购活动实施细则

（7）中共安康市烟草专卖局（公司）党组贯彻落实中央八项规定实施细则的具体办法

（8）安康市烟草专卖局（公司）领导干部廉政档案管理办法（试行）

（9）关于推进全市系统警示教育常态化制度化的实施意见

（10）关于构建"大监督"体系的实施意见（试行）

（11）特邀党风廉政监督员管理办法

（12）关于完善巡察工作协作机制的通知

（13）中共安康市烟草专卖局（公司）党组巡察工作领导小组工作规则和巡察工作领导小组办公室工作规则及巡察组工作规则

（14）巡察工作实施细则

（15）关于深化巡察成果运用的实施办法

（16）关于加强和改进纪检监察工作的实施意见

（17）推动全市系统内部监督工作贯通协同实施办法

9.2 专卖（内管）监督部门

（1）中华人民共和国烟草专卖法

（2）中华人民共和国行政处罚法

（3）中华人民共和国刑法

（4）中华人民共和国烟草专卖法实施条例

（5）烟草专卖许可证管理办法

（6）烟草专卖品准运证管理办法

（7）关于办理非法生产、销售烟草专卖品等刑事案件具体应用法律若干问题的解释

（8）烟草专卖许可证管理办法实施细则

（9）关于规范异地携带卷烟管理和携带证使用通知（已失效）

（10）关于恢复烟草及其制品邮寄业务的通知

（11）陕西省烟草专卖行政处罚自由裁量权实施细则

（12）陕西省烟草专卖局烟草专卖许可后续监督管理办法

（13）陕西省烟草专卖行政处罚自由裁量权实施细则

（14）安康市烟草专卖局印发行政执法行为规范（修订）

（15）烟草专卖零售许可证管理工作督导办法

（16）烟草专卖零售许可证有效期限规定

（17）执法全过程记录制度

（18）行政执法公示制度

（19）重大执法决定法制审核制度

（20）安康市烟草专卖局紧俏卷烟内部专卖管理监督办法（试行）

（21）安康市烟草专卖局关于印发治理烟叶非法流通监督管理办法（试行）

（22）安康市烟草专卖局烟叶收购内部监督及市场管理工作规定（试行）

（23）烟草行业内部专卖管理监督工作规范

（24）国家烟草专卖局关于认定真烟违法违规经营行为的通知

（25）陕西省卷烟经营内部专卖管理监督工作指引（试行）实施方案

（26）安康市烟草专卖局卷烟经营内部专卖管理监督办法（修订）

（27）安康市烟草专卖局卷烟物流内部专卖管理监督办法（试行）

9.3 财务管理部门

（1）陕西省烟草公司安康市公司现金管理办法

（2）安康市烟草专卖局烟草专卖经费管理实施细则

（3）陕西省烟草公司安康市公司国有资产管理实施办法

（4）安康市烟草专卖局（公司）烟叶生产收购审计监督实施办法

（5）安康市烟草专卖局（公司）工程及采购项目审计管理办法

（6）陕西省烟草公司安康市公司烟叶生产扶持兑付管理办法（试行）

（7）陕西省烟草公司安康市公司烟叶生产应急救灾兑付手续

（8）陕西省烟草公司安康市公司银行账户和存款管理实施细则

（9）陕西省烟草公司安康市公司烟叶生产基础设施建设项目补贴资金管理办法

（10）陕西省烟草公司安康市公司基层烟叶工作站实物资产管理规范

（11）陕西省烟草公司安康市公司烟叶费用财务管理办法

（12）陕西省烟草公司安康市公司基层烟站烟叶收购账务操作规范

（13）陕西省烟草公司安康市公司烟叶产前投入补贴资金管理办法

（14）陕西省烟草公司安康市公司财务审批管理办法

（15）安康市烟草专卖局（公司）预算编制工作考评办法（试行）

（16）陕西省烟草公司安康市公司关于规范和加强发票管理有关事项的通知

（17）陕西省烟草公司安康市公司关于规范部分经济业务报账手续的通知

（18）安康市烟草专卖局（公司）土地、房屋等不动产购置专项审批及权证管理办法

（19）陕西省烟草公司安康市公司全面预算管理实施细则

（20）陕西省烟草公司安康市公司内部财务管理实施办法

（21）陕西省烟草公司安康市公司定额管理办法（试行）

（21）陕西省烟草公司安康市公司会议费管理办法

（22）陕西省烟草公司安康市公司职工福利费管理办法

（23）安康市烟草专卖局专卖案件费用支出管理办法

（24）陕西省烟草公司安康市公司客户经理交通费报销管理办法

（25）陕西省烟草公司安康市公司卷烟货款管理实施细则

（26）陕西省烟草公司安康市公司烟叶生产经营财务管理办法

（27）陕西省烟草公司安康市公司烟叶收购销售资金管理办法

（28）陕西省烟草公司安康市公司烟叶费用财务管理办法

（29）陕西省烟草公司安康市公司银行账户和存款管理实施细则

（30）陕西省烟草公司安康市公司烟叶生产应急救灾兑付手续

（31）陕西省烟草公司安康市公司废旧物品处置管理办法

（32）陕西省烟草公司安康市公司差旅费管理办法

9.4 审计监督部门

（1）中华人民共和国审计法

（2）中华人民共和国审计法实施条例

（3）审计署关于内部审计工作的规定

（4）党政主要领导干部和国有企事业单位主要领导人员经济责任审计规定

（5）党政主要领导干部和国有企业领导人员经济责任审计规定实施细则

（6）烟草行业经济责任审计工作办法（国烟审〔2020〕177 号）

（7）烟草行业工程审计管理办法（国烟审〔2020〕180 号）

（8）烟草行业审计项目工作质量管理办法（试行）（国烟审〔2021〕174 号）

（9）陕西省烟草专卖局（公司）系统内部审计工作规定（试行）（陕烟审〔2009〕51 号）

（10）陕西省烟草专卖局（公司）系统财务收支审计实施细则（试行）（陕烟审〔2009〕59 号）

（11）陕西省烟草专卖局（公司）系统烟叶生产基础设施建设项目资金审计实施细则（试行）（陕烟审〔2009〕60 号）

（12）陕西省烟草专卖局烟叶基础设施建设项目常态化审计管理办法（陕烟审〔2010〕120 号）

（13）陕西省烟草商业企业宣传促销内部审计实施细则（陕烟审〔2011〕54 号）

（14）陕西省烟草商业企业物资采购内部审计实施细则（陕烟审〔2011〕55 号）

（15）工程建设项目审计实施细则（陕烟办字〔2019〕49 号）

（16）陕西省烟草专卖局中国烟草总公司陕西省公司关于进一步加强内部审计工作的意见（陕烟审〔2019〕51 号）

（17）陕西省烟草专卖局（公司）审计查出问题整改落实和责任追究办法（陕烟审〔2020〕52 号）

（18）陕西省烟草专卖局（公司）审计派驻办公室管理办法（陕烟审〔2020〕55 号）

（19）陕西烟草商业企业经济责任审计工作办法（陕烟审〔2021〕99 号）

（20）安康市烟草专卖局（公司）离任经济责任审计办法（安烟审

〔2009〕114号）

（21）安康市烟草专卖局（公司）物资类项目审计实施细则（安烟审〔2013〕208号）

（22）安康市烟草专卖局（公司）服务类项目审计实施细则（安烟审〔2013〕209号）

（23）安康市烟草专卖局（公司）烟叶生产收购审计监督实施办法（试行）

（24）安康市烟草专卖局（公司）工程及采购项目审计管理办法（安烟审〔2018〕50号）

（25）安康市烟草专卖局（公司）工程审计实施细则（试行）（安烟审〔2021〕56号）

9.5 组织人事监督部门

（1）安康市烟草专卖局（公司）系统领导班子和领导干部考核工作办法（安烟党〔2020〕39号）

（2）中共安康市烟草专卖局（公司）党组关于印发基层单位请示报告事项清单的通知（安烟党〔2020〕31号）

（3）中共安康市烟草专卖局（公司）党组关于印发基层单位股级干部选拔任用指导意见的通知（安烟党〔2020〕118号）

（4）"三定"方案

（5）工资总额管理办法

（6）中共安康市烟草专卖局（公司）党组关于印发基层单位请示报告事项清单的通知（安烟党〔2020〕31号）

（7）安康市烟草专卖局（公司）教育培训工作管理办法（安烟人〔2021〕11号）

（8）中华人民共和国各项社会保险条例或实施细则

（9）安康市烟草专卖局（公司）人事档案管理实施细则（安烟人〔2020〕57号）

（10）中共陕西省烟草专卖局（公司）党组关于印发推动全省系统内部监督工作贯通协同措施的通知（陕烟党〔2022〕17号）

9.6 法规规范监督部门

（1）中华人民共和国烟草专卖法

（2）中华人民共和国公司法

（3）中华人民共和国行政复议法

（4）中华人民共和国民法典

（5）中华人民共和国招标投标法

（6）中华人民共和国烟草专卖法实施条例

（7）烟草专卖许可证管理办法

（8）烟草专卖品准运证管理办法

（9）烟草专卖行政处罚程序规定

（10）烟草专卖许可证管理办法实施细则

（11）国家烟草专卖局关于加强烟草法治建设的实施意见

（12）陕西省烟草公司安康市公司采购管理实施办法（国烟法〔2021〕114 号）

（13）陕西省烟草公司安康市公司采购工作监督考评问责实施细则

（14）安康市烟草专卖局（公司）烟用物资采购考评问责实施细则

（15）安康市烟草专卖局（公司）工程建设项目考评问责实施细则（试行）

（16）安康市烟草专卖局（公司）规范管理工作督办办法

（17）安康市烟草专卖局（公司）合法性审查管理办法

（18）关于落实供应商廉洁承诺制度的补充通知

（19）陕西省烟草公司安康市公司合同管理实施细则

（20）安康市烟草专卖局（公司）"应招尽招"实施细则

（21）安康市烟草专卖局（公司）"真招实招"实施细则

（22）陕西省烟草公司安康市公司工程建设项目供应商不良行为记录暨"黑名单"管理办法

（23）陕西省烟草公司安康市公司烟用物资采购项目供应商不良行为记录暨"黑名单"管理办法

（24）采购资料"一项一卷"管理办法（试行）

（25）陕西省烟草公司安康市公司应急采购管理办法（试行）

（26）安康市烟草专卖局重大执法决定法制审核制度

图书在版编目（ＣＩＰ）数据

陕西市级烟草商业企业"大监督"体系建设实证研究/刘海轮，姬亚平主编. 一北京：中国政法大学出版社，2023.6

ISBN 978-7-5764-0933-8

Ⅰ.①陕…　Ⅱ.①刘…②姬…　Ⅲ.①烟草企业－廉政建设－研究－陕西　Ⅳ.①D630.9

中国国家版本馆CIP数据核字(2023)第107825号

出 版 者	中国政法大学出版社
地 　 址	北京市海淀区西土城路 25 号
邮寄地址	北京 100088 信箱 8034 分箱　邮编 100088
网 　 址	http://www.cuplpress.com (网络实名：中国政法大学出版社)
电 　 话	010-58908435(第一编辑部) 58908334(邮购部)
承 　 印	固安华明印业有限公司
开 　 本	720mm×960mm　1/16
印 　 张	15
字 　 数	238 千字
版 　 次	2023 年 6 月第 1 版
印 　 次	2023 年 6 月第 1 次印刷
定 　 价	66.00 元